TAROT y JUNG
Arquetipos y Arcanos
Un Viaje Arquetípico

Cómo Leer El Tarot, Manual De Significados, Tiradas Básicas
Y Comprensión Psíquica Para Principiantes Y Expertos

Juan David Arbeláez

Edición original en español:
TAROT y JUNG: Arquetipos y Arcanos
Juan David Arbeláez

Primera edición diciembre de 2023
Derechos reservados. Ninguna parte de este libro puede ser reproducida o transmitida en cualquier forma o por ningún medio electrónico o mecánico, incluyendo fotocopiado, grabado o por cualquier almacenamiento de información o sistema de recuperación, sin permiso escrito de Juan David Arbeláez.

Nota importante de exención de responsabilidad: Este libro es solo para propósitos educativos y de entretenimiento. El autor ha hecho todo lo posible para proporcionar información completa, precisa, actual y confiable, pero no se puede garantizar. El autor no es un experto en asesoramiento legal, financiero, médico o profesional. La información en este libro se ha recopilado de diferentes fuentes, por lo que es importante que consultes a un profesional antes de probar cualquier técnica descrita. Al leer este libro, aceptas que el autor no se hace responsable de ninguna pérdida directa o indirecta que pueda surgir por el uso de la información proporcionada, como errores o inexactitudes.

COPYRIGHT© Juan David Arbeláez

Contenido

Prólogo 1

Parte I – Fundamentos 5

   El Tarot Y Su Origen 6

   Carl Jung Y El Tarot 12

   Arquetipos Junguianos 14

   Introducción a Los Arcanos Mayores del Tarot 34

Parte II – El Viaje Arquetípico 37

   La Travesía del Héroe y El Loco como protagonista 38

   El Loco 41

   El Mago 50

   La Papisa o Sacerdotisa 58

   La Emperatriz 65

   El Emperador 72

   El Papa (El Sumo Sacerdote) 80

   El Enamorado (Los Amantes) 87

   El Carro 94

   La Fuerza 103

   El Ermitaño 109

   La Rueda De La Fortuna 118

   La Justicia 126

   El Colgado 133

   La Muerte 141

   La Templanza 149

El Diablo 156
La Torre 168
La Estrella 174
La Luna 184
El Sol 192
El Juicio (Final)... 199
El Mundo 206
Símbolos Comunes.. 216
Nuestro Viaje Arquetípico................................ 220

Parte III - Cómo Leer El Tarot 223

Lectura de una sola carta 224
Tirada de dos cartas 225
Tirada del Si/No 226
Tirada de tres cartas... 227
Tirada de la herradura 228
Tirada Rumana 230
Tirada de la Cruz Celta...................................... 232
Significados Rápidos para Todas las Cartas del Tarot............ 236

Epílogo 251

Sobre Juan David Arbeláez.. 253

Otros libros .... Error! Bookmark not defined.

Prólogo

Esta, es una obra singular que tiende un puente entre el místico mundo del Tarot y los conceptos psicológicos profundamente arraigados de Carl Jung. Aquí, cada carta del Tarot se revela no solo como una pieza de arte, sino como un espejo de la psique humana, un canal hacia el entendimiento de nosotros mismos y del universo que nos rodea.

La psicología de Jung, con su énfasis en los arquetipos y el proceso de individuación, proporciona un marco fascinante para comprender el Tarot. Jung nos enseñó que dentro de cada individuo hay un "yo" consciente y un "sí mismo" más profundo y a menudo enigmático. Estas dos partes de nuestra psique pueden estar en armonía o en conflicto, tejiendo la rica tela de nuestra experiencia humana.

En este libro, exploramos cómo el Tarot actúa como una herramienta única para visualizar y comprender esta dinámica interna. A través de sus imágenes ricas y simbólicas, las cartas del Tarot nos invitan a una introspección profunda, desvelando capas de significado y resonando con nuestros propios arquetipos internos.

La travesía comienza con el "Loco", una representación de inocencia y comienzo. A lo largo de los Arcanos Mayores, seguimos su viaje, enfrentándonos a desafíos y descubrimientos que simbolizan nuestras propias etapas de vida y crecimiento. Cada carta es una historia en sí misma, una pieza del rompecabezas de la existencia humana.

Este libro se estructura en tres partes esenciales. La primera parte se sumerge en el mundo de Jung, explorando sus teorías arquetípicas y su relevancia en nuestra vida cotidiana. La segunda parte se adentra en la narrativa simbólica del Tarot, examinando cómo el viaje del "Loco" a través de los Arcanos Mayores refleja nuestra propia búsqueda de propósito y significado. La tercera y última parte es una guía práctica para la interpretación de las cartas del Tarot, proporcionando una visión detallada de sus significados y cómo pueden aplicarse a la introspección y el autoconocimiento.

Mi intención es demostrar que la lectura del Tarot es accesible para todos, no solo para aquellos que se consideran dotados en artes esotéricas. Este libro está dirigido a aquellos que buscan una comprensión más profunda de sí mismos y de los demás, utilizando el lenguaje simbólico del Tarot como una herramienta para el descubrimiento personal.

Este no es simplemente otro libro sobre el Tarot o la psicología de Jung; es una exploración profunda y única que te ofrece una nueva perspectiva sobre ambos. Al sumergirte en estas páginas, no solo te embarcarás en un viaje para enriquecer tu entendimiento del Tarot, sino que también descubrirás un mundo fascinante de símbolos y significados ocultos en los arcanos mayores. ¿Alguna vez te has preguntado por qué El Loco está al borde de un risco, o por qué El Mago tiene ante sí los cuatro palos del Tarot y un símbolo de infinito flotando sobre su cabeza? ¿Qué misterios encierra la figura de LA TORRE, desde donde caen dos personajes, uno con una capa roja y otro coronado? ¿Por qué la mujer en la carta de la estrella vierte agua en la tierra y en un lago en vez de tomarla del mismo?

Este libro desentraña estos enigmas y muchos más, proporcionándote las herramientas para interpretar cualquier carta en cualquier tipo de Tarot. Todo ello, a través del prisma de los arquetipos de Carl Jung, con lo que te prometo transformar, no solo tu visión del Tarot, sino también la manera en que ves a ti mismo y al mundo que te rodea.

¡Que comience este viaje!

Juan David Arbeláez

www.TusDecretos.com

Se dice que el barajar de las cartas es la tierra, y el tintineo de las cartas es la lluvia, y el golpeteo de las cartas es el viento, y el señalar de las cartas es el fuego. Esas son las cuatro pintas. Pero los Arcanos, se dice, son el significado de todo proceso y la medida de la danza eterna.

— *Charles Williams*

Parte I – Fundamentos

El Tarot Y Su Origen

La baraja tradicional de 52 cartas que aún utilizamos para juegos como el solitario y el póker llegó a Europa a finales del siglo XIV desde los países islámicos, popularizada por el juego de cartas turco "Mamluk". La primera evidencia documentada de las cartas del Tarot, entonces llamadas "carta de trionfi" o "cartas de triunfo", se remonta a Florencia, Italia, en 1440. Se cree que se usaban en ese momento para juegos que implicaban triunfos sobre las cartas numeradas y de la corte de la baraja tradicional de cartas de juego.

Hay pruebas sólidas de que las cartas del Tarot se usaban originalmente en juegos que tenían elementos adivinatorios. Los juegos de cartas se convirtieron en populares pasatiempos entre la nobleza en Europa durante el siglo siguiente. En la década de 1530, se registran cartas del Tarot utilizadas en un juego llamado "tarocchi" o "triunfo", similar a juegos de cartas actuales como el whist o el bridge. Incluso existe evidencia de un juego llamado "tarocchi appropriati" en el que las cartas de triunfo (los Arcanos Mayores) se seleccionaban al azar y se utilizaban para inspirar al lector de cartas a componer poemas o canciones sobre la persona sentada frente a ellos.

Es probable que este juego se jugara en tono humorístico, dado el contexto histórico. Sin embargo, a medida que los juegos de cartas ganaron popularidad, se expandieron los usos potenciales del Tarot. Muchos diseños se estandarizaron, respetando las leyes y valores de la Iglesia. Algunas barajas sustituyeron Pentagramas por Juegos de Monedas o Discos y Varitas por Palos de Polo o Bastones. Algunas evitaron cartas de triunfo como la Suma Sacerdotisa, que representaba el conocimiento espiritual esotérico y aspectos de la divinidad femenina.

Aquí es donde la historia se vuelve un poco oscura. Aunque sabemos que el nombre "Tarot" proviene de estos juegos de cartas, que originalmente no estaban relacionados con la adivinación, es posible que los registros históricos no cuenten toda la historia del Tarot. Los registros a menudo se centraban en la nobleza y la realeza, mientras que las actividades de la gente común podrían no haber sido registradas. Se cree que la tradición de la lectura de cartas de oráculo, traída a Europa por el pueblo romaní desde Oriente Próximo en el mismo período, se combinó con el Tarot con el tiempo, explicando la creciente aura de poder místico en las cartas.

Aunque estas leyendas pueden ser ciertas o no, el Tarot se popularizó en toda Europa como herramienta de adivinación a finales del siglo XVIII. Grupos ocultistas y herméticos originalmente usaban las barajas medievales más populares para la cartomancia. Sin embargo, Antoine Court de Gebelin y Jean-Baptiste Alliette (conocido como Etteilla) cambiaron esto en 1789 en París, Francia, al publicar la primera baraja arcana con un manual adjunto, permitiendo a cualquier interesado acceder a los secretos esotéricos del Tarot. Afirmaron que esta baraja, llamada "Le Monde Primitif", se inspiraba en el antiguo Libro Egipcio de Thoth. Esta baraja introdujo elementos como los cuatro elementos, la astrología y la alquimia, y la valoración de lo divino femenino y masculino, convirtiéndose así en una baraja estandarizada con simbolismo esotérico.

En este libro, nos enfocaremos principalmente en las imágenes, el lenguaje y el significado del Tarot Rider-Waite. Fue publicado originalmente en Londres, Inglaterra, en 1910, por William Rider y Arthur Edward Waite (A.E. Waite), con ilustraciones de Pamela Colman Smith. Esta baraja se considera ampliamente como el estándar moderno para la lectura del Tarot, aunque no es la más antigua ni necesariamente la más popular. Resulta especialmente útil para los principiantes debido a que sus ilustraciones son simbólicamente ricas pero no excesivamente detalladas o complicadas. Las imágenes son bastante sencillas y fáciles de interpretar, aunque no tan obvias como para resultar aburridas o simplistas.

El Tarot Rider-Waite se basa en el simbolismo judeocristiano tradicional, pero también incorpora elementos de inspiración egipcia, así como temas astrológicos y conceptos místicos, herméticos y cabalísticos. Además, se considera que da un mayor énfasis a la divinidad femenina, lo que se habría considerado progresista en el momento de su publicación. Sin embargo, algunos diseñadores de barajas modernas consideran que aún tiene limitaciones, como la falta de diversidad racial y la ausencia de representaciones de preferencias sexuales alternativas.

Lo que distingue al Tarot Rider-Waite de sus predecesores es el hecho de que cada una de las setenta y ocho cartas presenta una ilustración simbólica única. A diferencia de las barajas anteriores, donde las cartas de los palos son simples repeticiones de los símbolos, en el Rider-Waite, cada carta cuenta su propia historia detallada. Para aprovechar al máximo estas ilustraciones, podemos aprender a descifrar su simbolismo. Podemos preguntarnos qué representan elementos naturales como montañas y ríos, así como animales, cuerpos celestes o representaciones de los cuatro elementos. También podemos explorar la combinación de colores en las cartas y entender su valor numerológico para una interpretación más profunda.

El Tarot es bien conocido como método de adivinación a través de la lectura de cartas, que también se llama "cartomancia". Otras formas de adivinación incluyen la taseomancia (el arte de leer las hojas de té), la radiestesia (adivinación con el uso de un péndulo, tema del que ya profundicé en mi libro: SANACION CON PENDULO : Manual Universal), la osteomancia (la lectura de los huesos), la litomancia (predecir el futuro mediante la lectura de piedras), el lanzamiento de runas (una antigua práctica de adivinación nórdica), la geomancia (lectura de elementos naturales como la arena o la tierra), la quiromancia (lectura de las líneas del interior de la palma de la mano), la numerología (interpretación del significado de los números que nos rodean) y la astrología (adivinación a través de los movimientos de los cuerpos celestes), entre otras. Algunos de los cartománticos más experimentados y talentosos combinan su práctica del Tarot con otra u otras formas de adivinación, ganando una dimensión extra a su percepción intuitiva al observar los patrones y temas universales que existen entre ellas.

Dentro del mundo de la cartomancia, también existen las Cartas Oráculo, que funcionan de forma similar al Tarot, pero las barajas no suelen estar estandarizadas y el número de cartas incluidas puede oscilar entre sólo doce y más de cien. Las barajas de Tarot, por el contrario, tienden a adherirse a ciertas tradiciones universales y son más popularmente creadas, publicadas y utilizadas para el juego, la adivinación e incluso la práctica espiritual.

La baraja del Tarot ha evolucionado a lo largo de los siglos y, aunque existen variaciones de una baraja a otra (imágenes diferentes, nombres y números alternativos y, a veces, cantidades distintas de cartas incluidas), la mayoría sigue la misma estructura general, con una baraja formada por veintidós cartas de triunfo, conocidas como los Arcanos Mayores, junto con cuarenta cartas de palo numeradas y dieciséis cartas de la Corte, conocidas colectivamente como los Arcanos Menores.

Cada una de estas setenta y ocho cartas tiene su propio significado simbólico, o mejor dicho, múltiples significados posibles, dependiendo de su contexto. Cuando las cartas se colocan en tiradas de adivinación, trabajan juntas para contar una especie de historia, que el cartomántico es capaz de leer e interpretar con su propio punto de vista. La mayoría de los cartománticos creen que la posición (vertical o invertida) y el entorno contextual (qué cartas están colocadas al lado) de cualquier carta afectarán a sus implicaciones, lo que significa que hay un número infinito de historias que se pueden encontrar y descifrar en una tirada de dos o más cartas.

Dicho esto, en el mundo del Tarot, no existen reglas estrictas, solo pautas flexibles. Por lo tanto, descubrirás que muchos lectores de cartas rechazan algunas tradiciones y mazos que desafían la norma. En este libro, exploraremos las interpretaciones de las cartas y los métodos de adivinación más comúnmente aceptados para proporcionarte una base sólida y práctica de conocimientos. Sin embargo, no permitas que este texto limite tu comprensión del Tarot. Estas interpretaciones y pautas son solo un punto de partida. Después de leer este libro, puedes expandir tus conocimientos a través de la lectura, la investigación o buscando el consejo de cartománticos más experimentados. Una vez que te sientas cómodo con el Tarot, siéntete libre de asignar tus propios significados a las cartas basándote en tus emociones y experiencias personales. Puedes incluso diseñar tus propias formas de tirada y desarrollar métodos únicos para utilizar el mazo. La regla de oro en el Tarot es que si resuena contigo, entonces es válido.

Carl Jung Y El Tarot

El psicólogo de origen suizo Carl Jung nació en 1875 y se le atribuye el establecimiento de la psicología analítica. Entre sus aportaciones destacan los conceptos psicológicos del inconsciente colectivo, arquetipos y personalidades introvertida y extrovertida, ambos propuestos y desarrollados por él. Le fascinaba cómo los símbolos y los mitos comunes impregnan nuestro pensamiento tanto a nivel consciente como subconsciente y cómo influyen en nuestro comportamiento.

Jung colaboró inicialmente con Sigmund Freud, otro psicoanalista. Muchas de las ideas de Freud derivaron del trabajo de Jung en sus primeros estudios. Con el paso del tiempo, los principios psicológicos de ambos divergieron. Posteriormente, Jung cuestionó los principios psicoanalíticos de Freud. La diferencia más significativa entre sus interpretaciones del inconsciente es que Freud consideraba que el inconsciente era el resultado de experiencias personales, mientras que Jung creía que procedía de las experiencias colectivas de la humanidad.

Las imágenes y el lenguaje del Tarot son arquetípicos. Incluso para aquellos que no están familiarizados con los matices específicos de la cartomancia, a menudo resultan familiares a primera vista, despertando una sensación de deja-vú o impulsos intuitivos. Así las cosas, es posible que te sientas familiarizado con el Tarot sin haber aprendido nunca exactamente qué es o cómo funciona. No te preocupes - vamos a empezar con lo básico en este capítulo y construir gradualmente sobre esa base de conocimientos, asegurándose de que ninguna piedra se deja sin remover en su estudio del Tarot y la adivinación.

Arquetipos Junguianos

El Inconsciente Colectivo

El concepto del inconsciente colectivo, presentado por Jung en los años 30, es a veces llamado la "mente compartida". Se refiere a la idea de que una parte de nuestra mente, oculta en las profundidades, se hereda de generación en generación y no se ve influenciada por nuestras experiencias personales.

Siguiendo las ideas de Jung, el inconsciente colectivo está presente en todos los seres humanos y desempeña un papel en la formación de nuestras creencias arraigadas y nuestros instintos más profundos, como los relacionados con la espiritualidad, la sexualidad y la supervivencia.

Según Jung, el inconsciente colectivo es como un depósito de conocimientos e imágenes con el que nacemos, compartido por toda la humanidad a través de la experiencia ancestral. Aunque su contenido nos es desconocido en la vida cotidiana, se cree que en momentos de crisis, nuestra psique puede acceder a él.

Como Se Entrelaza Este Inconsciente Colectivo Con El Tarot

Según Jung, el inconsciente colectivo es como una especie de banco de ideas compartidas por todos nosotros. En este banco, hay cosas llamadas arquetipos, que son como moldes para pensamientos y comportamientos. Los arquetipos pueden ser como señales, símbolos o patrones que todos heredamos de alguna manera. No son algo fijo y rígido, más bien, varios arquetipos pueden mezclarse y combinarse.

Entre los arquetipos que Jung mencionó están:

- La Muerte

- El Nacimiento

- El Renacimiento

- El Niño

- El Anima (como el lado femenino en todos nosotros)

- La Madre (quizás el más importante según Jung)

- El Héroe

Jung pensaba que el arquetipo de la madre era súper importante. No solo se trata de una madre de carne y hueso, sino que también puede manifestarse en cosas como un jardín, un manantial, o incluso una iglesia. La madre es como el centro de todo.

Y lo curioso es que estos arquetipos pueden tener aspectos buenos o malos. Pueden ser amorosos y cálidos, pero también pueden dar miedo, como una madre horrible o una especie de diosa que controla tu destino.

Miedo y Fobias

Jung también decía que algunas de nuestras fobias y miedos vienen de este inconsciente colectivo. Cosas como el miedo a la oscuridad, a los ruidos fuertes o a la sangre pueden estar arraigados en estas ideas compartidas que todos tenemos. Incluso si nunca has tenido un encuentro traumático con una serpiente, podrías tener miedo de ellas debido a esto.

Creencias

Y no solo los miedos, sino también nuestras creencias religiosas y morales pueden ser influenciadas por este inconsciente colectivo. Es como si todos compartiéramos una especie de entendimiento profundo sobre lo que es correcto e incorrecto, lo justo y lo injusto. Nuestras creencias religiosas también pueden estar conectadas a estas ideas comunes.

Sueños

Jung pensaba que los sueños eran una ventana al inconsciente colectivo. Los símbolos en los sueños son como lenguaje universal, pero cada persona los interpreta de manera única. A diferencia de Freud, que pensaba que los sueños eran pistas de pensamientos escondidos, Jung decía que los sueños compensan las partes de nosotros mismos que no están completamente desarrolladas mientras estamos despiertos. Por eso, los sueños pueden ayudar a entender y tratar problemas psicológicos y fobias.

De Dónde Vienen Los Arquetipos De Jung

Jung sostenía que estos arquetipos tienen su origen en el inconsciente colectivo. Para él, estos modelos son innatos, universales y se transmiten de generación en generación. Los arquetipos son como una especie de patrones que nacen con nosotros y nos ayudan a dar forma a nuestra percepción de cosas concretas.

Jung se oponía firmemente a la idea de la "pizarra en blanco" al nacer, la creencia de que nuestra mente es completamente vacía y se llena solo con la experiencia. En su opinión, la mente humana conserva rasgos biológicos básicos y hereda elementos inconscientes de nuestros ancestros. Inicialmente los llamó "imágenes primordiales", y son la base para comprender nuestra humanidad.

Según Jung, los arquetipos que habitan en todos los seres humanos del mundo representan personalidades antiguas y míticas. Estos arquetipos son como impulsos, valores y esencias fundamentales de la humanidad.

A pesar de que Jung identificó cuatro arquetipos principales, creía que el número de arquetipos posibles era infinito. Aunque no podemos observar directamente estos arquetipos, su existencia se puede inferir a través del estudio de la religión, los sueños, el arte y la literatura.

Los Cuatro Arquetipos Principales

Los Cuatro Arquetipos Junguianos son una herramienta poderosa para nuestro crecimiento espiritual y nos pueden ayudar a alcanzar nuestro máximo potencial en la vida. Según Jung, cada uno de nosotros alberga aspectos de cuatro arquetipos fundamentales en nuestra personalidad. Creía que estos arquetipos desempeñaban un papel crucial en nuestra forma de ser, pero que la mayoría de las personas estaban dominadas por un arquetipo en particular.

Jung sostenía que la representación de un arquetipo se ve influenciada por diversas variables, como las influencias culturales y las experiencias personales de cada individuo.

Estos arquetipos actúan como moldes para nuestra conducta y tienen un impacto en nuestra manera de pensar y actuar. Los conocemos como la Persona, el Yo, el Anima/Animus y la Sombra.

La Persona:

Jung describía el arquetipo de la persona como la imagen social que mostramos al mundo. En sus propias palabras, era como una máscara diseñada "para causar una impresión definida en los demás y, al mismo tiempo, para ocultar la verdadera naturaleza del individuo".

El término "persona" proviene del latín y significa máscara, un rostro falso o el papel interpretado por un actor. Inicialmente, se refería a las grandes máscaras que usaban los actores griegos para representar a sus personajes en el teatro. Estas máscaras no ocultaban al actor, sino que proporcionaban información sobre el personaje que interpretaban. De manera similar, la persona nos ayuda a "meterse en el papel" que se espera de nosotros en la sociedad. Sin embargo, es importante recordar que esta máscara a menudo oculta la verdadera esencia del individuo.

A lo largo de la vida, las personas suelen usar diferentes máscaras en diferentes situaciones. Estas máscaras pueden estar relacionadas con nuestra profesión, la religión en la que crecimos, nuestras creencias políticas o nuestra orientación sexual, entre otras cosas. Algunos ejemplos de roles que podemos desempeñar incluyen médico, policía, profesor, abogado, padre, madre, esposa o esposo. La persona nos brinda una cierta predictibilidad en nuestras interacciones sociales. Roles como el médico y el paciente, o el maestro y el estudiante, nos ayudan a determinar cómo comportarnos en situaciones específicas. Un equilibrio adecuado en la representación de estos roles es crucial para mantener buenas relaciones, mejorar la comunicación y transmitir la imagen que deseamos, pero debemos tener cuidado de no perder nuestra verdadera identidad en el proceso.

El Yo

El arquetipo del Yo representa la fusión de la conciencia y la inconsciencia en una persona, un proceso que Jung denominó "individuación". Esto implica la integración de diversas partes de la personalidad y es esencial para evitar dificultades psicológicas resultantes de la discordancia entre la mente consciente e inconsciente.

El Yo se manifiesta en mitos y cuentos de hadas como figuras notables, como profetas, salvadores, monarcas o héroes, arquetipos positivos que se han mantenido a lo largo de la historia. También aparece en sueños, a veces como un personaje mitad humano, mitad animal, una figura disoluta o un monje. Ocasionalmente, se representa metafóricamente mediante el símbolo del Yin-Yang, simbolizando la unión de los opuestos, donde estos opuestos se consideran energías o principios complementarios que apuntan hacia una mayor unidad.

Un ejemplo destacado del arquetipo del Yo es Jesucristo, una figura central en el cristianismo, que Jung consideraba la encarnación de este arquetipo. Jesús se relaciona con el Yo de diversas formas, como ser llamado el centro en las escrituras cristianas, similar a cómo el Yo es el centro de la personalidad. Además, Jesús se asocia con la unión de los opuestos, como se refleja en su autodenominación como el Alfa y la Omega en la Biblia. Los números cuatro y doce, vinculados al Yo por Jung, están presentes en la figura de Jesús a través de los doce discípulos y los cuatro brazos de la cruz. Jung también equiparó a Cristo con la imagen de la divinidad en la psique humana.

El Anima/Animus:

Anima o Animus es una palabra latina que originalmente se refería al aliento, el espíritu, el poder vital o el alma. Sin embargo, en la década de 1920, el psicólogo Dr. Carl Jung adoptó este término para describir el aspecto inconsciente femenino en un hombre, que trasciende su psique interna. Para Jung, el Anima representaba todos los rasgos psicológicos femeninos que un hombre lleva en su inconsciente.

Jung argumentaba que en la sociedad moderna, los aspectos sensibles de la psicología masculina, que a menudo se asocian con lo femenino, suelen ser reprimidos o subestimados. Por lo tanto, destacó la importancia del ánima como uno de los complejos autónomos esenciales.

El arquetipo del ánima pasa por cuatro etapas de desarrollo:

1. Eva: En esta etapa, la mujer es vista como fuente de apoyo, afecto y seguridad mental y física para el hombre. El deseo del hombre se centra en la manifestación del objeto de su afecto, y la mujer es indistinguible de la figura materna. En esta etapa, el hombre depende en gran medida de la influencia de la mujer y es poco probable que desarrolle un deseo sexual independiente.

2. Helena: En esta fase, las mujeres son consideradas autosuficientes, inteligentes y capaces de logros notables en el mundo. Sin embargo, no se espera que sean completamente virtuosas o moralmente perfectas. Esta etapa refleja la percepción del Anima como una representación idealizada pero colectiva de la sexualidad femenina, y Jung ve aquí una división entre el yo exterior, dotado de inteligencia y brillantez, y el yo interior, que se percibe como defectuoso y carente de virtud e imaginación.

3. María: El nombre de esta etapa proviene de la Virgen María de la fe cristiana. Aquí, se atribuye virtud a las mujeres, y se espera que se comporten de manera honorable. En esta fase, el Anima se centra en la capacidad del hombre para establecer relaciones duraderas y efectivas con el sexo opuesto.

4. Sophia: Esta etapa representa la integración completa del Anima, permitiendo que la mujer sea vista con características tanto positivas como negativas y encarnando la sabiduría. En esta etapa, el Anima guía al hombre hacia su vida interior, mediando entre el inconsciente y la conciencia. También inspira la búsqueda de propósito y creatividad en la vida de un individuo.

Jung sostenía que el arquetipo del Anima se revelaba en los sueños de una persona, apareciendo como guías espirituales y figuras seductoras. Este arquetipo tenía un impacto considerable en las actitudes y relaciones de una persona con individuos del sexo opuesto. En el caso de los hombres, el Anima promovía cualidades como la sensibilidad, la empatía, la habilidad para mantener relaciones amorosas y saludables, el amor por la naturaleza, la creatividad, la conexión con las emociones y la intuición, así como la capacidad de expresarlas. Sin embargo, negar estas cualidades podía dar lugar a la distorsión y la agitación del Anima.

La Sombra:

El arquetipo de la sombra, según Jung, representa la parte oscura y desconocida de la personalidad y la psique de una persona. En resumen, encarna los aspectos egoístas, reprimidos y turbulentos de un individuo de los que ni siquiera es consciente.

Este arquetipo también abarca los defectos, deseos ocultos, faltas, ideas reprimidas, vergüenza e impulsos del individuo, a menudo asociados con la sexualidad reprimida y la tendencia hacia la criminalidad. Estas partes son rechazadas por la mente de la persona debido al miedo a las partes más oscuras de su psique, lo que resulta en una falta de conciencia de estos aspectos de su naturaleza.

La Sombra, según Jung, se relaciona frecuentemente con lo salvaje, lo caótico, lo místico y lo desconocido. Esta parte de la personalidad puede manifestarse de diversas maneras en un individuo, incluyendo visiones y sueños. Jung sostenía que los sueños de una persona ofrecían una visión crítica de este aspecto de su personalidad.

Ejemplo del arquetipo de la sombra:

Un ejemplo literario del examen del arquetipo de la sombra es el libro de Robert Louis Stevenson, "El extraño caso del Dr. Jekyll y el Sr. Hyde". El Dr. Jekyll es un científico compasivo y respetado que explora el lado oscuro de la ciencia para revelar su segunda naturaleza. Esto lo lleva a transformarse en su malvado alter ego, Mr. Hyde, quien se niega a asumir la responsabilidad de sus crímenes y pecados. A pesar de los esfuerzos iniciales de Jekyll por controlar a Hyde, este último finalmente prevalece, lo que conduce a la destrucción de ambos.

En la serie de televisión "Breaking Bad", el personaje de Walter White es un ejemplo contemporáneo del arquetipo de la sombra. Inicialmente, es un hombre de familia común, pero a medida que sus aspectos más oscuros emergen, se convierte en Heisenberg, dispuesto a cometer crímenes graves para alcanzar sus objetivos.

Los Cuatro Palos Del Tarot

El primer paralelo entre los arquetipos junguianos y el Tarot, lo encontramos entre sus mismos palos. Veamos:

Espadas y La Persona

Las Espadas, con su filo cortante, representan el intelecto, la comunicación y los desafíos. Este palo se alinea con el arquetipo del Persona, esa máscara social que nos ponemos frente al mundo. Al igual que un espadachín hábil, el Persona nos permite maniobrar en el teatro social, protegiendo nuestra verdadera esencia mientras nos enfrentamos a los conflictos cotidianos.

Oros y el Yo

Los Oros, emblema de materialidad y logro, son el eco del Yo, el núcleo de nuestra individualidad según Jung. Este arquetipo busca la integración y el complemento, al igual que los Oros representan la realización en el mundo tangible. Es en la unificación de lo consciente e inconsciente donde el Yo encuentra su expresión más auténtica, así como los Oros simbolizan la culminación de esfuerzos y aspiraciones.

Copas y el Ánima/Ánimus

Las Copas fluyen con las aguas de las emociones, las relaciones y la conexión espiritual. Este palo refleja el arquetipo de Ánima/Ánimus, esa parte de nosotros que encarna las cualidades opuestas a nuestro género. Las Copas nos invitan a sumergirnos en las profundidades de nuestras emociones y relaciones, al igual que el Ánima/Ánimus nos guía hacia una comprensión más profunda de nosotros mismos y de los demás.

Bastos y la Sombra

Finalmente, los Bastos, con su vigor y energía, son el paralelo de la Sombra. Este arquetipo oculta nuestras pasiones reprimidas y aspectos desconocidos. Al igual que los Bastos invitan a la acción y la creatividad, enfrentar y aceptar nuestra Sombra puede desencadenar una transformación poderosa, liberando energías y potencialidades que yacían ocultas.

Podemos apreciar entonces que cada palo del Tarot, al igual que los arquetipos de Jung, son herramientas para descifrar los misterios de nuestra psique y entender mejor el tejido de nuestra existencia. La interacción entre estos símbolos es un baile eterno, un diálogo constante entre nuestra alma y los arcanos del Tarot, invitándonos a una exploración sin fin de nuestro ser más profundo. En este encuentro, donde la psicología y el misticismo se entrelazan, descubrimos no solo quiénes somos, sino también lo que podríamos llegar a ser.

Los Doce Arquetipos De Personalidad

En su forma más sencilla, un arquetipo es como un patrón o modelo único que todos compartimos. Es como una colección de pensamientos y recuerdos que son parte de la experiencia humana. En su búsqueda, Jung definió 12 arquetipos de carácter que trascienden culturas y eras. Él pensaba que estos 12 arquetipos habitaban en nuestra mente colectiva, como si fueran tesoros compartidos por todos.

Estos arquetipos son como los hilos que tejen historias en todo el mundo. Son los lazos invisibles que nos conectan. Y, como veremos más adelante, están presentes a lo largo de toda la imaginería del Tarot.

El Inocente

El Inocente irradia sorpresa y asombro ante el mundo que lo rodea. Su razón de ser es encontrar la alegría y la satisfacción, evitando cualquier sombra que pueda ensombrecer su camino. En su corazón late el optimismo y la esperanza de un mundo utópico para todos. Pippin, de "El Señor de los Anillos", personifica este arquetipo.

Fortalezas: Creatividad, pureza, optimismo.

Debilidades: Vulnerabilidad, ingenuidad, falta de poder físico.

Anhelo: Descubrir la felicidad y la verdad.

El Amigo

El amigo es aquel que cree en la igualdad de todas las personas. Desea encajar y se preocupa por no destacar en la multitud. Es una persona común que a menudo enfrenta desafíos y, en lugar de brillar en tales momentos, hace lo que sea necesario para sobrevivir.

Fortalezas: Empatía, instinto de supervivencia, sentido de pertenencia.

Debilidades: Inseguridades personales, necesidad de agradar.

Anhelo: Conectar, ser aceptado y comprendido.

El Héroe

El Héroe se lanza con valentía a empresas audaces que demuestran su habilidad y coraje. Anhela hacer del mundo un lugar mejor y no escatima esfuerzos para lograrlo. Puede surgir de una familia noble o surgir de circunstancias humildes. Tanto Harry Potter como el Rey Arturo son ejemplos de arquetipos heroicos, encarnan lo que imaginamos en un héroe típico.

Fortalezas: Autoconfianza, talento, fuerza física o mental.

Debilidades: Egoísmo, exceso de confianza.

Anhelo: Demostrar su valía al evitar desastres.

El Protector

Aquellos que se conectan con el arquetipo del Cuidador son compasivos y empáticos. Sin embargo, a veces pueden caer en la trampa de ser explotados por otros debido a su generosidad innata. Los cuidadores deben aprender a cuidar de sí mismos y a establecer límites cuando sea necesario. Personajes como Hagrid de Harry Potter y Obi-Wan Kenobi de La Guerra de las Galaxias siempre están dispuestos a entregarse por sus protegidos.

Fortalezas: Amorosos, desinteresados y generosos.

Debilidades: Falta de experiencia, vulnerabilidad a la explotación.

Deseos: Ayudar y proteger a los demás.

El Explorador

El Explorador nunca se siente completo a menos que esté explorando cosas nuevas. Disfrutan de viajar a tierras desconocidas, así como de descubrir nuevas ideas y creencias. Sin embargo, les resulta difícil comprometerse con una profesión o una relación a largo plazo, a menos que les permita mantener su libertad para explorar. Personajes como Indiana Jones y Peter Quill (Star-Lord) de Guardianes de la Galaxia son ejemplos de exploradores. Siempre están en búsqueda de nuevas experiencias y ansían ver todo lo que la vida (o el cosmos) tiene para ofrecer.

Fortalezas: Lealtad a sus propios intereses, una curiosidad insaciable.

Debilidades: Vagabundear sin un rumbo claro, resistencia a comprometerse.

Deseos: Experimentar todo lo que la vida tiene para ofrecer en una sola vida.

El Rebelde

Cuando un rebelde ve algo en el mundo que no funciona, siente la necesidad de cambiarlo. Prefieren hacer las cosas a su manera y, a veces, están dispuestos a desafiar las tradiciones sociales en busca de reforma. Los rebeldes a menudo poseen un encanto que les permite convencer a otros de unirse a su causa. Personajes como Beowulf y Robin Hood siguen el camino del rebelde.

Fortalezas: Adaptabilidad, ingenio y capacidad para inspirar.

Debilidades: Falta de poder, posición y recursos en términos sociales.

Deseos: Contribuir a la mejora del mundo, restaurando la justicia.

El Amante

El Amante está obsesionado con la intimidad y las relaciones. Detestan la soledad y harían cualquier cosa por estar cerca de la persona que aman. Para ellos, las relaciones duraderas y el compromiso son esenciales. Están dispuestos a arriesgar su propia individualidad en favor de la persona que aman antes que enfrentar la soledad. Personajes como Samwise Gamgee de El Señor de los Anillos y Rogue de X-Men personifican el arquetipo del Amante. Ambos están dispuestos a sacrificarse por aquellos a quienes aman, sin importar el costo personal.

Fortalezas: Sacrificio, devoción y pasión.

Debilidades: Disposición a sacrificarse por su pareja.

Deseos: Vivir en armonía perfecta con la persona amada.

El Creador

Para estos genios de la inventiva, la creación es esencial. Pueden manifestarse como artistas tradicionales en un momento y como expertos en negocios en otro. A veces, pueden ser un tanto solitarios y estar dispuestos a sacrificar cualquier cosa, incluso relaciones o ellos mismos, en su búsqueda por crear algo memorable. Dos ejemplos de Creadores que desafían la realidad y trascienden límites científicos son el Dr. Emmet Brown de "Regreso al Futuro" y Tony Stark de "Iron Man".

Fortalezas: Imaginación, iniciativa y creatividad.

Debilidades: Perfeccionismo, egoísmo y renuncia personal.

Deseos: Dejar un legado a través de su creación.

El Bromista o Bufón

El Bufón encuentra alegría en llevar risas y diversión a cualquier evento, pero también tiene un lado más profundo. Su objetivo principal es hacer felices a los demás y, a menudo, utiliza el humor para cambiar las percepciones de los demás. Sin embargo, en ocasiones, el Bufón puede utilizar la comedia para ocultar su propia tristeza interna.

Fortalezas: Sentido del humor, simpatía y alegría.

Debilidades: Incoherencia, tontería y egocentrismo.

Deseos: Proporcionar risas y alegría a los demás.

El Mentor o Sabio

El Sabio valora sobre todo las ideas y la sabiduría. A veces, puede sentirse frustrado por no saberlo todo sobre el mundo. Los Sabios son buenos oyentes y tienen la capacidad de simplificar temas complejos para que otros los comprendan. Ejemplos ficticios incluyen a Gandalf el Gris de "El Señor de los Anillos" y Yoda de "La Guerra de las Galaxias", quienes a menudo guían y enseñan al Héroe en su búsqueda.

Fortalezas: Experiencia, sabiduría y serenidad.

Debilidades: Cautela, falta de voluntad para actuar y un corazón endurecido por experiencias pasadas.

Deseos: Utilizar su perspicacia e inteligencia para comprender el mundo y educar a los demás.

El Mago

El Mago es carismático y cree profundamente en sus puntos de vista, deseando compartirlos con los demás. Suelen ver el mundo de manera única y pueden utilizar esas percepciones para presentar ideas y filosofías transformadoras al mundo. Ejemplos de Magos incluyen a Merlín y Dumbledore, quienes guían a sus protagonistas a través de peligrosas aventuras que requieren destreza y valentía.

Fortalezas: Experiencia, sabiduría y carisma.

Debilidades: Cautela, falta de voluntad para actuar y un corazón endurecido por experiencias pasadas.

Deseos: Emplear su perspicacia e inteligencia para comprender el mundo y educar a los demás.

El Gobernante o Líder

El Gobernante disfruta de liderar y tomar decisiones. Suelen tener una visión clara de lo que consideran que funcionará en una situación dada. Asumen que saben lo que es mejor para un grupo o comunidad y pueden sentirse insatisfechos cuando otros no comparten su visión.

A pesar de su fuerte liderazgo, normalmente tienen en mente el bienestar de los demás, aunque a veces sus acciones pueden parecer autoritarias. Personajes como Joffrey de "Juego de Tronos" o el Gran Hermano de "1984" caen en esta categoría. Sus principales preocupaciones suelen ser mantenerse en el poder y evitar la desestabilización de sus dominios.

Fortalezas: Poder, carisma y capacidad de liderazgo.

Debilidades: Falta de voluntad para aceptar ayuda, desconfianza y paranoia.

Deseos: Mantener el control y la estabilidad en su dominio.

Estos 12 arquetipos ofrecen una guía que puede ayudarnos a comprender nuestros motivos y aprovechar nuestras fortalezas mientras trabajamos en nuestras debilidades. Comprender cuál de los 12 arquetipos influye más en nuestra personalidad puede ayudarnos a determinar lo que es verdaderamente importante para nosotros. Esta comprensión nos permite enfocarnos y alcanzar nuestros objetivos de manera más efectiva.

El Loco, representado por el Arcano Mayor 0 del Tarot, es un personaje que emprende un viaje arquetípico en las ilustraciones del Tarot Rider-Waite: Su propia travesía del héroe.

A medida que exploramos el viaje de El Loco a través de las cartas del Tarot, descubrimos que cada arquetipo que encuentra en su camino representa una faceta de su propia personalidad y las diferentes etapas de su evolución. Por ejemplo, El Gobernante puede simbolizar la necesidad de liderar y tomar decisiones en su travesía, mientras que El Bufón representa la importancia de mantener un sentido del humor incluso en momentos difíciles.

Como El Loco, nos sumergimos en un viaje continuo de autodescubrimiento, aventura y aprendizaje. El Loco personifica la pureza y la inocencia en su búsqueda de conocimiento y experiencia.

Introducción a Los Arcanos Mayores del Tarot

La mayoría de las personas interesadas en el Tarot comienzan su estudio con los Arcanos Mayores, que constan de veintidós "triunfos" únicos, sin pertenecer a ningún palo específico. En algunas barajas, estas cartas son las únicas que tienen ilustraciones completas, mientras que las cartas de los palos simplemente muestran su número y palo. Además, las cartas de los Arcanos Mayores son consideradas de mayor peso en comparación con las del palo; en la mayoría de las lecturas, estas cartas influyen más en las interpretaciones que las demás. De hecho, algunos lectores utilizan exclusivamente las cartas de los Arcanos Mayores, una baraja de solo veintidós cartas en total. En el simbolismo de los Arcanos Mayores encontramos:

Dualidad Divina de Género

La baraja Rider-Waite está llena de imágenes simbólicas relacionadas con lo oculto y la filosofía religiosa pagana. Estas tradiciones suelen conceptualizar el poder divino en dualidades, representadas por lo divino masculino y lo divino femenino, cuyas energías se complementan y mantienen el equilibrio en el universo.

El divino masculino se asocia con el sol, el día, la luz, la acción, la expansión, la racionalidad y la independencia, mientras que el divino femenino corresponde a la tierra, la noche, la emotividad, la intuición y la receptividad. Ambas energías divinas encarnan rasgos positivos y negativos, y es importante entender que no se aplican de manera rígida a hombres o mujeres, sino que todos pueden tener una combinación de estos rasgos.

Edad, madurez y experiencia

Podemos agregar otra dimensión a esta dualidad considerando la inexperiencia juvenil y la experiencia madura. Cuando el divino masculino se combina con la inexperiencia juvenil, denota pasión, vigor y curiosidad, mientras que con la experiencia madura, se vuelve racional y sabio. Del mismo modo, el divino femenino, cuando se combina con la inexperiencia juvenil, se asocia con los placeres sensuales y la emotividad, y con la experiencia madura, se vuelve espiritual e intuitivo. Es importante comprender que estas energías no son buenas ni malas, y todos pueden encarnar diversas combinaciones de ellas.

Siempre es útil mirar más allá de las representaciones literales de género y edad en las cartas y centrarse en las dinámicas de relaciones y crecimiento personal que representan. Las cartas cuentan historias sobre acción y consecuencia, riesgo y recompensa, causa y efecto, revolución y evolución, pasado, presente y futuro.

Elementos, tiempo y signos del zodíaco

Cada una de las cartas de los Arcanos Mayores tiene asociados elementos, signos del zodíaco, y momentos que aportan significado y contexto a las lecturas de Tarot. Esto puede ser especialmente útil para entender mejor la historia que se está contando en una tirada.

En cuanto a los elementos, aunque las cartas no pertenecen a los palos específicos, tienen conexiones con ellos. Por ejemplo, si una tirada está dominada por cartas de Espada y muestra al Mago, esto señala un tema de búsqueda intelectual, creatividad y planificación en la lectura.

Las cartas de los Arcanos Mayores están regidas principalmente por el quinto elemento, a menudo llamado "espíritu" o "éter", pero también tienen una correspondencia secundaria con los elementos materiales. Esto implica que una carta numerada de Pentáculos, relacionada con el elemento Tierra, hablará de la conexión entre los aspectos espirituales y materiales de la vida.

Las asociaciones de tiempo son útiles para obtener pistas sobre cuándo o cómo pueden ocurrir ciertos eventos. Por ejemplo, la carta de la Torre se asocia con eventos abruptos e inesperados, indicando que cualquier cambio predicho sucederá rápidamente.

En cuanto a los signos astrológicos relacionados con las cartas, no necesariamente representan a una persona nacida bajo ese signo, sino que se refieren a las características asociadas con esos signos o cuerpos celestes. Esto agrega una dimensión adicional de interpretación a las lecturas de Tarot, permitiendo una comprensión más profunda de los temas y las influencias en juego.

Parte II – El Viaje Arquetípico

La Travesía del Héroe y El Loco como protagonista

La travesía del héroe, un concepto ampliamente explorado en la mitología y la psicología, describe un ciclo universal de aventuras y transformación. Esta jornada comienza con un llamado a la aventura, seguido por la confrontación de obstáculos y la obtención de una revelación o premio, culminando en un regreso transformador. El Loco del Tarot, en su recorrido por los Arcanos Mayores, es un arquetipo perfecto de este viaje heroico.

El Loco, con su naturaleza inocente y curiosa, representa el inicio puro y sin prejuicios de esta odisea. Al igual que el héroe mitológico, se enfrenta a una serie de desafíos y aprendizajes simbolizados por los distintos Arcanos. Cada carta revela una faceta de la vida y del crecimiento interno, actuando como etapas de un viaje que moldea y transforma.

En esta travesía, El Loco atraviesa diversos escenarios que reflejan las etapas de la travesía del héroe: la iniciación, donde se enfrenta a retos y descubre su fuerza interna; la revelación, donde las verdades profundas se desvelan, y el retorno, donde regresa enriquecido y transformado. Cada uno de estos momentos es crucial para su desarrollo y comprensión del mundo y de sí mismo.

El paralelo entre El Loco y los diferentes escenarios de los Arcanos Mayores es fascinante. Al principio, su inocencia lo lleva a enfrentar el mundo con una mente abierta y un corazón valiente. A medida que avanza, cada carta actúa como un espejo de sus experiencias internas y su evolución. Los desafíos se convierten en oportunidades para el crecimiento y la autocomprensión.

Finalmente, la travesía de El Loco culmina con "El Mundo", la última carta de los Arcanos Mayores. Este final no es un punto de llegada, sino el comienzo de un nuevo ciclo. Al igual que el héroe que regresa a casa transformado, El Loco conquista "El Mundo" no en términos de dominio, sino de comprensión y armonía con él. Esta carta simboliza la realización y la integración total de las lecciones aprendidas, marcando no solo el fin de un viaje, sino también el prometedor inicio de otro.

El Loco

William Blake alguna vez sugirió que la persistencia en la locura podría conducir a la sabiduría. Esta idea se refleja en la figura del Loco en el Tarot, un arquetipo enérgico, inmortal y ubicuo, representando el poder sin límites. Sin número asignado, el Loco simboliza la libertad y la capacidad de alterar el orden establecido. Esta figura trasciende el tiempo, sobreviviendo como el Joker en las cartas modernas, un agente de caos en juegos como el póker.

El Bufón, con su naturaleza polifacética y su inclinación hacia la mímica, a menudo no tiene un propósito específico, pero su presencia puede ser vista como protectora, similar a las creencias griegas sobre los locos que prevenían el mal de ojo. Esta figura sirve como un puente entre el mundo cotidiano y el reino de la imaginación, moviéndose libremente entre ambos y a veces confundiéndolos.

Históricamente, los bufones tenían roles significativos en las cortes, actuando como espías del rey y mezclándose entre la gente para recoger información. La figura del loco en las obras de Shakespeare, especialmente en "El rey Lear", simboliza una sabiduría oculta, encarnando la parte central de la psique, como lo describió Jung. En el Tarot, el Loco a menudo desempeña un papel similar, representando una sabiduría espontánea más allá de la lógica convencional.

En varias barajas de Tarot, el Loco es acompañado por un perro, simbolizando una conexión cercana con el instinto. Esta figura a menudo se representa ciega, destacando su guía interna e intuitiva. Como el tercer hermano audaz en los cuentos de hadas, el Loco aborda la vida con una mezcla de sabiduría, locura e insensatez, lo que puede llevar a resultados milagrosos o desastrosos.

La posición del Loco en la secuencia del Tarot es variable, a veces iniciando (carta 0) y otras veces cerrando (Carta 22) la serie de Arcanos. Esta posición refleja su naturaleza de movimiento perpetuo, conectando el principio con el fin y bailando a través de las cartas, uniendo elementos aparentemente dispares.

El vestuario del Loco en el Tarot, con su mezcla de opuestos, simboliza una profunda conexión espiritual a pesar de su apariencia burlona. Sus cascabeles, por ejemplo, nos remiten a la solemnidad de la misa y a la fe pura, simbolizando un despertar a antiguas verdades. Esto se ve reflejado en su cresta de gallo, un símbolo de alerta y renovación. Los albigenses, creadores de los Arcanos, posiblemente escogieron al Loco como un disfraz para expresar sus ideas revolucionarias y criticar la corrupción eclesiástica.

La locura, Folié en Frances, deriva del latín "follis", que significa "fuelle" o "saco de aire", evocando la idea de impulsar acción y energía. En algunas representaciones, el Loco aparece con elementos como una pluma en el sombrero, sugiriendo una conexión con lo celestial. Los símbolos fálicos también están presentes en su iconografía, representando tanto lo obsceno como la fertilidad.

En la sociedad moderna, el espíritu del Loco persiste en festivales y celebraciones donde se invierten los roles tradicionales y se permite la expresión de la rebeldía. Estos eventos reflejan la necesidad humana de incluir aspectos irracionales y subversivos de una manera socialmente aceptable.

Aceptar al Loco en nuestras vidas implica reconocer nuestra propia locura y permitir que su energía creativa influya en nosotros. Esto puede ser especialmente poderoso en situaciones de conflicto, donde la aceptación de la locura puede desarmar la tensión y liberar energías para un uso más constructivo.

La figura de El Loco nos evoca al Flautista de Hamelin, capaz de liberarnos de las convenciones y llevarnos al mundo de la fantasía.

La naturaleza traviesa del Loco es un obstáculo clave en el camino hacia la madurez y la heroísmo. Esta figura simboliza la rebeldía juvenil, a menudo vista como una fase necesaria en el desarrollo del individuo hacia un potencial heroico.

En la sociedad contemporánea, se observa una tolerancia creciente hacia las expresiones juveniles de rebeldía e incluso ciertas transgresiones. Este fenómeno podría reflejar un deseo inconsciente de los adultos de reconectar con su propio potencial heroico no realizado. En el proceso de individuación, el Loco actúa tanto como un obstáculo como un catalizador, impulsando la exploración y la creatividad pero también la confusión y los desvíos.

En culturas tradicionales, figuras como el Loco o el "tonto del pueblo" eran valoradas y protegidas por la sociedad. Sin embargo, en sociedades modernas, tales desviaciones de la norma suelen ser menos toleradas y a menudo marginadas.

La relación entre el Loco y la demencia refleja el temor y la intolerancia de la sociedad moderna hacia lo que se desvía de lo considerado "normal". El aumento en el consumo de drogas y el creciente número de trastornos mentales podrían ser, en parte, una reacción a esta rigidez cultural.

El camino hacia la verdadera salud mental a menudo pasa por la aceptación de aspectos infantiles y locos de la personalidad. En muchas tradiciones, incluyendo la literatura, la locura es vista como un camino hacia la salvación o la iluminación.

Con respecto a su número, el concepto del cero, una noción que emergió en Europa en el siglo XII, revolucionó el pensamiento humano al introducir la idea de la "nada" como un espacio lleno de potencial. En las antiguas cartas italianas de Tarocchi, el Loco no tenía valor propio pero podía incrementar el valor de las cartas cercanas, similar a cómo el cero puede transformar un uno en un millón.

La forma circular del cero, que es crucial para experimentar sus cualidades, simboliza tanto el sol como el Huevo del Mundo en diversas culturas, implicando una fuente de creación y energía. Esta forma natural y fluida contrasta con la rigidez y artificialidad del cuadrado, una creación puramente humana.

El círculo y el cero simbolizan la vida como un viaje circular, desde la intuición infantil hasta la sabiduría de la edad adulta. Esta forma es vista como indivisible e indestructible, en contraposición a formas como el cuadrado. La indestructibilidad del círculo se refleja en el hecho de que, incluso dividido, mantiene su identidad, a diferencia del cuadrado que pierde la suya.

El círculo también representa la naturaleza, el cosmos, y la conexión del ser humano con el universo. Simboliza el caos primitivo del cual surgió el cosmos y se asocia con "En Soph" en la Cábala, el principio activo antes de la manifestación material. El círculo representa el estado de plenitud antes de la creación de las cosas, y en muchas culturas, se considera un espacio sagrado.

El Loco en el Tarot parte ahora en este viaje del autoconocimiento y la búsqueda de un centro, un equilibrio entre el ego y el sí-mismo. Todos los arcanos se le abren a continuación…

Análisis Gráfico de El Loco

Figura central

La carta muestra a un joven despreocupado al borde de un precipicio, dando un paso hacia adelante. El personaje de EL LOCO lleva ropas coloridas y extravagantes, con un estampado que incluye círculos con puntos en el centro, posiblemente representando soles o monedas. Su vestimenta parece holgada y cómoda, con pantalones hasta la rodilla y zapatos de punta.

Complementos y actitud

EL LOCO tiene una pequeña bolsa atada a un palo que lleva sobre su hombro, simbolizando los recuerdos o conocimientos que lleva consigo. Su expresión es de alegría y parece estar totalmente absorto en su momento presente, sin preocuparse por el peligro que lo acecha. En una mano, sostiene una flor blanca, que puede interpretarse como su aprecio por la belleza y la simplicidad.

Entorno

El sol brilla en el cielo, con sus rayos iluminando la escena, y un pequeño perro blanco está a su lado, que podría estar advirtiéndole del peligro o acompañándole en su viaje con alegría e inocencia. EL LOCO está a punto de dar un paso fuera del acantilado hacia lo desconocido, representando la fe y la confianza en el universo o la falta de conciencia de los riesgos.

Simbolismo

La presencia de las montañas en el fondo puede simbolizar los desafíos y obstáculos que están por venir. El número 0 en la parte superior de la carta indica un potencial infinito y puede verse como un símbolo de comienzos y finales, ya que el tarot es cíclico y EL LOCO puede aparecer al principio o al final del viaje del tarot.

El Mago

El mago es un personaje complejo, un creador y un ilusionista. Diferente del espíritu libre y caprichoso del Loco, el Mago se enfoca en objetos específicos y limita su actividad dentro de ciertas fronteras para no desperdiciar energías. Representa la dirección y humanización de nuestra energía interna, simbolizando el proceso de autorrealización.

Mientras el Loco actúa de manera espontánea y sorpresiva, el Mago es un profesional que incluye al espectador en su magia, invitándonos a ser parte de su actuación. Este personaje nos reta a cooperar para que la magia ocurra, mostrando la importancia de la conciencia en sus trucos.

En términos de psicología del Tarot, el Mago, como el Arcano número uno, busca comprender y manipular la naturaleza para dominar sus energías, a diferencia del Loco que simplemente disfruta de ella. El Mago en el Tarot de Marsella se muestra como un personaje lleno de contrastes y dualidades, representando la habilidad de unir lo opuesto y revelar la verdad oculta detrás de las ilusiones.

Este arquetipo también representa la capacidad humana de crear y revelar la fuente oculta de vida, similar a la historia bíblica de Moisés sacando agua de la roca. El Mago nos enseña que los milagros pueden suceder en respuesta a necesidades que van más allá del ego.

El Mago, como un director de orquesta, utiliza su varita para dirigir energías. Esta capacidad simboliza la cooperación humana consciente necesaria para canalizar estas energías para un uso productivo. Así, el Mago del Tarot nos enseña sobre la ambigüedad de la naturaleza y la capacidad de unir y separar elementos para revelar una unidad esencial.

El Mago en el Tarot, representa el desafío de separar y comprender los elementos del universo. Esta tarea, simboliza la lucha por alcanzar una nueva unidad y comprensión del mundo. El ego por sí solo no puede realizar esta magia; se requiere nuestro Mago interior para revelar la interconexión entre lo externo y lo interno, demostrando que ambos están hechos del mismo material.

En alquimia, la búsqueda de la transformación de los metales en oro simboliza la liberación del espíritu atrapado en la materia, una metáfora para la liberación y transformación del espíritu humano. Carl Jung relaciona los procesos alquímicos con la evolución de la psique hacia la individuación, una conexión entre el trabajo externo y la comprensión interna.

La creación se ve como un proceso continuo, un diálogo entre nuestro Mago interior y el universo, en lugar de un acto estático. Artistas y terapeutas, en su búsqueda de revelar y comprender, actúan como magos modernos, transformando la materia y la psique para revelar su esencia oculta.

La magia de la conciencia humana es poderosa pero peligrosa, capaz de construir o destruir mundos. La carta del Diablo en el Tarot, considerada la sombra del Mago, simboliza las cualidades negativas y tentaciones que rechazamos reconocer en nosotros mismos, destacando la importancia de enfrentar y entender estos aspectos oscuros para lograr un verdadero cambio y comprensión.

En el mundo moderno, la magia de la ciencia, como la liberación del átomo, nos muestra el potencial tanto para la creación como para la destrucción. La responsabilidad de este poder no recae en un individuo, sino en la humanidad colectiva, y nuestra supervivencia depende de liberar nuestro espíritu de materialismo, codicia y venganza.

La sincronicidad, como la describió Jung, demuestra la conexión profunda entre lo interno y lo externo, revelando que nuestra psique crea la realidad que experimentamos. Fenómenos como la dualidad de la luz en la física ilustran cómo nuestras percepciones moldean nuestra realidad. La naturaleza, entonces, permanece como un misterio, y la realidad de la psique se convierte en nuestra única realidad verdadera, una idea respaldada por la filosofía Zen y las reflexiones de científicos como Sir Arthur Eddington.

Los fenómenos de sincronicidad, según Jung, suelen ocurrir en momentos clave o durante eventos arquetípicos significativos, como crisis o catástrofes. Estos fenómenos representan un paralelismo entre lo físico y lo psíquico, evidenciando la activación de un arquetipo. La sincronicidad puede verse como una forma inusual de tomar conciencia de un arquetipo.

Estos fenómenos sincrónicos a menudo parecen más comunes de lo que pensamos, sugiriendo que deberíamos estar más atentos a ellos. Por ejemplo, la búsqueda de una imagen o información que parece llegar mágicamente puede ser interpretada como un mensaje importante de la sincronicidad.

Jung advirtió que los milagros solo atraen a aquellos que no pueden percibir su significado más profundo. Son sustitutos de la realidad espiritual no comprendida y no deben confundirse con la comprensión del espíritu, que es esencial.

Para descifrar el significado oculto de un fenómeno sincrónico, cada persona debe encontrar su propio método. Se puede reflexionar sobre qué necesidad o potencial interno representa el hecho sincrónico y explorar libremente las emociones y pensamientos asociados.

Según Jung, todos compartimos los poderes mágicos del Mago, con el potencial tanto para la iluminación como para la destrucción. Nuestras elecciones determinarán si nutrimos y protegemos nuestro entorno y la humanidad o si nos dirigimos hacia la destrucción. El conocimiento y la comprensión de nuestros sueños y pesadillas a través del Mago interior pueden prevenir que estas últimas se materialicen.

Análisis Gráfico de El Mago

Figura central

EL MAGO es un hombre que se presenta con confianza, de pie ante una mesa de trabajo. Está vestido con una túnica blanca que simboliza la pureza y un manto rojo que representa el conocimiento y la pasión. Levanta su brazo derecho hacia el cielo sosteniendo una varita y su brazo izquierdo apunta hacia la tierra, una representación visual del axioma hermético "como es arriba, es abajo", sugiriendo la conexión entre el mundo espiritual y material y su dominio sobre ambos.

Complementos y actitud

Sobre la mesa, se encuentran los objetos que representan los cuatro palos del tarot y los cuatro elementos: una espada (aire), una vara (fuego), una copa (agua) y un pentáculo (tierra). La presencia de estos elementos sugiere que EL MAGO tiene los recursos y la habilidad para manifestar sus intenciones en el mundo físico. Su postura y expresión facial transmiten autoridad y la certeza de que tiene el control de las fuerzas a su alrededor.

Entorno

Encima de la cabeza de EL MAGO se observa el símbolo del infinito, indicando su conocimiento eterno y potencial ilimitado. La mesa está frente a un exuberante jardín lleno de rosas y lirios, los cuales son símbolos de deseo y pureza, respectivamente. Este jardín puede ser interpretado como el mundo material que EL MAGO tiene el poder de cultivar y cambiar con su voluntad.

Simbolismo

La carta está numerada con el I romano en la parte superior, situando a EL MAGO al comienzo del viaje del tarot, representando la iniciativa, el ingenio y la creatividad. Es la manifestación de la potencia y la habilidad para canalizar el poder del universo en acciones concretas.

La Papisa o Sacerdotisa

El Arcano número dos del Tarot, conocido como La Papisa o Sacerdotisa, simboliza una figura femenina de gran poder espiritual, representada como una mujer vestida ceremonialmente y con una tiara, sentada posiblemente en un trono.

La Papisa encarna el principio femenino de la divinidad, simbolizado por diosas como Isis, Ishtar y Astarté, y en su forma espiritualizada, la Virgen María y Sofía, la Sabiduría Divina. Su presencia en el Tarot sugiere que, a diferencia del principio masculino representado por el Mago, la mujer juega un papel crucial en la encarnación del espíritu divino. Este arcano enfatiza la importancia de la receptividad y la paciencia femeninas en la realización espiritual y la creación.

La Papisa, con un manuscrito abierto en el que se leen las letras T O R A, simboliza la sabiduría y la transmisión de conocimientos sagrados. Su postura y atuendo reflejan su compromiso con el espíritu y la humildad en su servicio. La figura se sitúa en la entrada a un lugar sagrado, indicando que custodia los misterios espirituales. A diferencia del Mago, cuyo poder se manifiesta en la acción y la experimentación, el poder de la Papisa reside en la quietud, la comprensión y la tradición.

Este arcano destaca la dualidad y la paradoja, abarcando tanto la vida como la muerte, el bien y el mal. Como guardiana de la vida y el renacimiento, la Papisa simboliza el misterio de la creación y la experiencia profunda que permanece oculta a la conciencia masculina. Su papel en el Tarot refleja la importancia del principio femenino en la espiritualidad y la vida, y resalta la conexión especial de la mujer con el misterio de la creación y el nacimiento.

El movimiento de liberación femenina no solo busca liberar a las mujeres de las ataduras domésticas y la discriminación en diversas áreas de la vida, sino también liberar tanto a hombres como a mujeres de la dominancia del principio masculino. Este enfoque busca equilibrar los roles de género, no en una guerra entre sexos, sino en una colaboración para elevar el principio femenino como cogobernador junto al masculino. Este cambio sociopsicológico refleja la elevación de la figura femenina, similar a la Asunción de la Virgen María en la teología católica, donde se le otorga un lugar de igual importancia al lado de lo divino.

En nuestra sociedad competitiva, el concepto de "iguales pero diferentes" para ambos sexos puede ser complicado, especialmente en una fase de transición donde los roles y expresiones de género son más fluidos y diversos. Esto puede generar confusión, especialmente para aquellos criados en épocas con definiciones más rígidas de género.

Para abordar estas dinámicas, es vital reconocer que los términos "masculino" y "femenino", según Carl Jung, se refieren a principios que actúan en ambos géneros y en la naturaleza, no estrictamente a diferencias entre hombres y mujeres. Estos términos indican polos de energía opuestos, cuya interacción enriquece nuestra vida. El reconocimiento y la comprensión de estos principios pueden ayudar a los hombres y mujeres a alcanzar una totalidad más completa en sí mismos.

Como el segundo arcano mayor, la Papisa no es meramente una figura subordinada al Mago (el primer arcano), sino que simboliza un aspecto esencial y equilibrante. Su asociación con el número dos refleja la importancia de la alteridad y la interconexión, en lugar de la prioridad o la supremacía. Esta posición simboliza la idea de que ambos géneros y principios, masculino y femenino, son necesarios para la plenitud y el equilibrio; algo que se hace más obvio cuando observamos ambas columnas a cada lado de ella con las iniciales B y J.

Estas iniciales hacen referencia a Boaz y Jachin, nombre dado a los dos pilares de bronce que se encontraban en el pórtico del Templo de Jerusalén.

En la psicología junguiana, la Papisa podría asociarse con el concepto de 'anima', la personificación de lo femenino en la psique masculina, representando la intuición, la receptividad y la sabiduría interior. Este arquetipo también resalta la importancia del misterio y lo desconocido, desafiando la tendencia a categorizar y jerarquizar todo en términos de primacía y valor relativo.

La relación de la Papisa con la narrativa bíblica de Eva no se interpreta como una cuestión de ser secundaria o inferior a Adán, sino como una expresión de la naturaleza complementaria de los géneros. En este contexto, Eva no es una mera extensión o subproducto de Adán, sino una entidad en sí misma, con su propia esencia y propósito. Esto refleja la visión de que lo masculino y lo femenino, aunque diferentes, son igualmente fundamentales en la esfera de lo humano y lo divino.

Análisis Gráfico de La Sacerdotisa

Figura central

LA SACERDOTISA está sentada tranquilamente en un trono entre dos columnas. Viste una túnica azul que simboliza el conocimiento y la sabiduría, y un manto que lleva una cruz, representando la fe y la espiritualidad. Su corona tiene la luna en la frente y está rodeada de granadas, símbolos de la fertilidad, la muerte y la regeneración.

Complementos y actitud

Sostiene un pergamino con la palabra "TORA" o "TAROT", que sugiere el conocimiento de los misterios ocultos y la ley divina. La luna creciente a sus pies indica que ella tiene un pie en el mundo físico y el otro en el reino espiritual o subconsciente.

Entorno

Las columnas a los lados de LA SACERDOTISA son las columnas del templo de Salomón, marcadas con las letras "B" y "J", que significan Boaz y Jachin – representando lo masculino y lo femenino, la dualidad y el equilibrio entre opuestos. El velo detrás de ella, decorado con palmas y granadas, separa el espacio sagrado del mundo exterior, insinuando que hay verdades y conocimientos que solo se pueden revelar a través de la introspección y el descubrimiento interno.

Simbolismo

La presencia de la luna y el agua a sus pies también se relaciona con el subconsciente y los misterios escondidos. La carta está numerada con el II romano, representando la dualidad y la unión de contrarios.

La Emperatriz

La carta de la Emperatriz, similar en apariencia a la Papisa, representa dos aspectos del principio femenino. La Emperatriz simboliza la conexión entre el espíritu y la materia, ilustrada por su cetro, evocando la unión del cielo y la tierra. Su escudo con el símbolo del género femenino sobre una forma de corazón, evoca el poder femenino de crear vida en el plano terrenal.

La Emperatriz, a diferencia de la atmósfera estática de la carta anterior, sugiere movimiento y transformación. Representa el renacimiento del espíritu desde la materia, creando una nueva entidad que pertenece tanto al cielo como a la tierra. Su vínculo emocional con el águila simboliza la vitalidad y la fuerza espiritual.

La Emperatriz, llevando su cetro, simboliza una conexión instintiva e interior con el Espíritu Santo, enfatizando la intuición sobre las leyes humanas. Su gobierno flexible y emocional contrasta con la protección y el secreto de la Papisa.

La Emperatriz, en el Tarot, simboliza la culminación de las profecías sostenidas por la Papisa. Representa la unión de la energía activa y masculina del Mago (yang) con la energía receptiva y femenina de la Papisa (yin), dando lugar a una nueva realidad que armoniza ambos aspectos. Este concepto se refleja en el número tres, que la Emperatriz representa, y que simboliza el equilibrio y la creación de una realidad nueva y completa.

Pitágoras valoraba el número tres como el primer número real, pues a diferencia de los dos primeros números, que eran abstractos y no representaban ninguna figura geométrica, el tres forma un triángulo, una figura con principio, medio y fin, anclada en la realidad física. Esta idea se ve ilustrada en las obras de William Blake, donde la creación del triángulo simboliza la concreción de la intención divina en la experiencia humana.

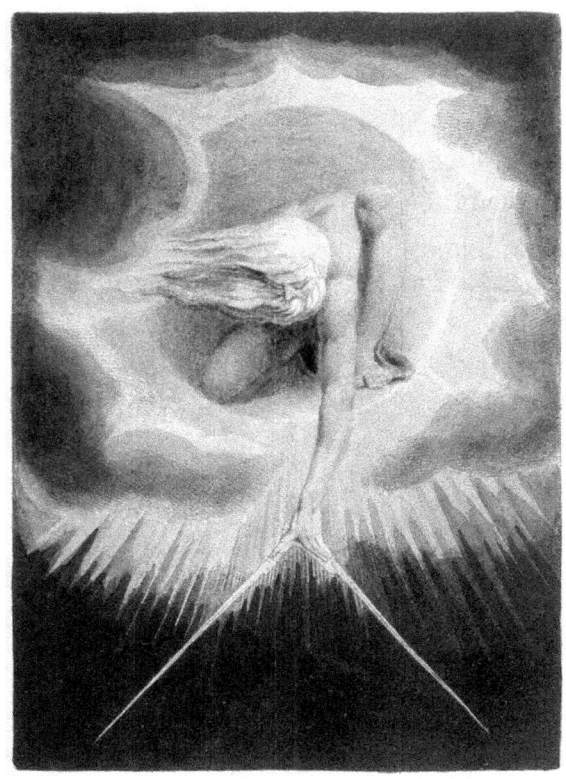

"The Ancient of Days" de William Blake. Esta obra es conocida por su representación de una figura divina, posiblemente Dios, extendiendo su mano para diseñar el Universo con un compás. Es una de las piezas más famosas de Blake y a menudo se asocia con temas de la creación y la cosmología.

La Emperatriz actúa como el punto de conexión entre la inspiración creativa y la lógica, uniendo el mundo de la imaginación y el mundo racional. Ella representa el proceso mediante el cual las ideas y las inspiraciones son transformadas y materializadas en la realidad.

La Emperatriz es una figura polifacética, un símbolo de poder femenino que puede manifestarse tanto en aspectos positivos de creatividad e inspiración como en aspectos negativos de control y destrucción. Su representación en el Tarot Rider, así como en el arte y la cultura, refleja esta diversidad y la evolución continua de su simbolismo.

Análisis Gráfico de La Emperatriz

Figura central

LA EMPERATRIZ está sentada en un trono lujoso en medio de la naturaleza. Lleva una diadema de estrellas de doce puntas, simbolizando su conexión con el reino místico y los ciclos naturales. Su vestido rojo con patrones de granadas está asociado con la fertilidad, y su pose relajada y segura refleja su dominio y comodidad con su poder y su entorno.

Complementos y actitud

En una mano, sostiene un cetro con una esfera en la parte superior, que es un símbolo de su autoridad sobre el mundo material. A sus pies, hay un escudo con el símbolo de Venus, que se asocia con el amor, la belleza, y la armonía. Su mirada es calmada y su postura abierta, lo que sugiere que está dispuesta a acoger y nutrir.

Entorno

Detrás de ella, hay un bosque de cipreses que representan el crecimiento y la vida. Un campo de trigo en primer plano simboliza la abundancia y la nutrición, y la corriente de agua que fluye sugiere la conexión emocional y la fertilidad.

Simbolismo

El número III en la parte superior de la carta representa la síntesis, la creación y la familia. El trono está adornado con cojines rojos y un corazón con el signo de Venus, reforzando la idea de la conexión con el amor y la sensualidad.

El Emperador

El Emperador, es una representación majestuosa de la estructura y autoridad, un símbolo potente de la transición del caos inconsciente de la naturaleza a la civilización ordenada y consciente. Este arquetipo, profundamente enraizado en las teorías de Carl Jung, encarna el principio activo, masculino, y racional - el Logos. A diferencia de la Emperatriz, que simboliza un reino matriarcal e instintivo, el Emperador trae consigo la ley del espíritu sobre la naturaleza, un cambio paradigmático hacia el orden y la lógica.

En su representación visual, el Emperador se muestra sereno y relajado, una postura que revela su autoridad y confianza inquebrantables. Su actitud contrasta con la rigidez de la Emperatriz, ofreciendo una imagen más humana y accesible. Su conexión con lo divino se manifiesta en el águila dorada de su escudo, un emblema de su vínculo con los poderes celestiales y su reinado por la gracia divina. Este símbolo, sin embargo, no solo representa la inspiración y la espiritualidad, sino también advierte de los riesgos inherentes al poder y el autoritarismo.

La carta del Emperador también refleja un momento crítico en la evolución cultural y psicológica de la humanidad: la transición del matriarcado al patriarcado. Esta figura simbólica representa la autoridad justa y poderosa, necesaria para guiar a la sociedad a través de este cambio transformador, desde la comodidad de la infancia protegida hasta las responsabilidades de la adultez. El Emperador, por lo tanto, no es solo un gobernante de un territorio, sino también un arquetipo de liderazgo y madurez.

El número cuatro, asociado con la carta del Emperador en el tarot Rider, es un elemento cargado de simbolismo y profundidad, que abarca una rica variedad de significados en diversas culturas y sistemas de creencias. Este número no solo simboliza la plenitud y la estructuración de la realidad humana, sino que también actúa como un pilar fundamental en la interpretación de esta carta y su arquetipo.

En el contexto del tarot, el número cuatro representa la consolidación y la estabilidad, una transición del dinamismo tridimensional hacia un estado de equilibrio y orden. Esta idea de estabilidad se refleja en la naturaleza del

Emperador, que es el de establecer y mantener el orden y la estructura en su reino.

Además, el número cuatro está profundamente arraigado en la simbología de muchas culturas y tradiciones, y se refleja en diversos aspectos de la vida y del conocimiento humano:

1. Direcciones y Orientación: Las cuatro direcciones cardinales (norte, sur, este, oeste) ofrecen un marco fundamental para la orientación en el espacio físico, proporcionando un sentido de ubicación y dirección en el mundo.

2. Elementos Naturales: Los cuatro elementos clásicos (aire, tierra, fuego y agua) son fundamentales en muchas tradiciones esotéricas y filosóficas, representando las fuerzas básicas de la naturaleza y la vida.

3. Estaciones: Las cuatro estaciones (primavera, verano, otoño, invierno) marcan el ciclo anual de la Tierra y simbolizan el ciclo perpetuo de nacimiento, crecimiento, declive y renacimiento.

4. Fases de la Luna: Las fases lunares (nueva, creciente, llena, menguante) simbolizan el cambio constante y el flujo de la vida, reflejando el ciclo eterno de transformación y renovación.

5. Figuras Geométricas: El cuadrado, una de las cuatro figuras geométricas básicas, simboliza la estabilidad, la equidad y la solidez, reflejando las cualidades del Emperador en su papel como fundamento y pilar de su reino.

6. Virtudes y Principios: Las cuatro virtudes cardinales (prudencia, justicia, fortaleza, templanza) son principios éticos fundamentales que guían la conducta humana hacia un equilibrio moral y espiritual.

7. Aspectos de la Personalidad: Los cuatro temperamentos (sanguíneo, melancólico, colérico, flemático) representan diferentes aspectos de la personalidad humana en la psicología clásica y la medicina antigua.

En la psicología de Jung, la relación entre el tres y el cuatro es crucial para alcanzar una nueva sensación de unidad. Jung identificó cuatro funciones psicológicas primarias que ayudan a captar experiencias y aprender de ellas: sensación, intuición (funciones irracionales), pensamiento y sentimiento (funciones racionales). Cada persona nace con la capacidad de desarrollar estas funciones, pero generalmente se inclina hacia una función dominante, la función superior. Con el tiempo, las personas tienden a desarrollar y perfeccionar sus funciones más accesibles, dejando la función inferior menos desarrollada y, a menudo, inconsciente.

Al reconocer los cuatro potenciales dentro de nosotros, tendemos a identificarnos con nuestra función principal o superior, reflejando así nuestra inclinación natural y habilidades. Con el tiempo, comenzamos a tomar conciencia de nuestras capacidades en una tercera área, correspondiente a nuestra tercera función. Esta función suele estar enterrada en el subconsciente y puede tomar años para ser plenamente reconocida. Por otro lado, la cuarta función, a menudo oculta y poco desarrollada, puede parecer intimidante y ajena a nuestro ego.

A medida que avanzamos en el desarrollo de nuestra tercera función, comenzamos a acceder a la cuarta función, lo que nos lleva a experimentar una nueva sensación de unidad y totalidad que incluye los cuatro aspectos de nuestra psique.

En el contexto del tarot, el Emperador representa la necesidad de balance entre el mundo emocional y mágico de la Emperatriz y el mundo racional y ordenado del Emperador. Ambos deben actuar en armonía, ya que uno no puede funcionar creativamente sin el otro.

Análisis Gráfico de El Emperador

Figura central

EL EMPERADOR está sentado en un trono de piedra, que denota estabilidad y permanencia. Luce una larga barba blanca, que es un símbolo de sabiduría y experiencia. Su vestimenta es rica y robusta, con predominio del rojo, color que representa la energía, la pasión y el poder.

Complementos y actitud

En una mano, sostiene un cetro del tipo Ankh, que es un antiguo símbolo egipcio de la vida, mientras que la otra mano descansa sobre un escudo con un águila, símbolo de la visión y el imperio. La corona en su cabeza sugiere su dominio y autoridad. Su mirada es directa y su postura firme, transmitiendo la imagen de un líder indiscutible y poderoso.

Entorno

Atrás del trono, hay un paisaje árido que contrasta con la verde naturaleza detrás de LA EMPERATRIZ, lo cual puede sugerir un enfoque más duro y estructurado en contraste con el enfoque nutritivo y fértil de su contraparte femenina. Las montañas en la distancia representan desafíos y logros sólidos.

Simbolismo

El número IV en la parte superior de la carta representa la estabilidad y la estructura, como las cuatro direcciones y los cuatro elementos. El trono adornado con carneros simboliza la agresión controlada, la iniciativa y la valentía.

El Papa (El Sumo Sacerdote)

El Papa, en el Tarot, emerge como una figura central de poder espiritual, rodeado por dos hombres arrodillados, simbolizando su autoridad y conexión con lo divino. Esta carta, la quinta del mazo, destaca por representar la quintaesencia, un elemento que trasciende los cuatro elementos básicos y simboliza la búsqueda humana de un significado más elevado en la vida.

Carl Jung, a diferencia de Freud, veía la tendencia religiosa del hombre como un instinto natural e innato de la psique humana, una necesidad de trascendencia más allá de lo puramente físico. En este sentido, el Papa en el Tarot representa esa unión de opuestos, con su figura andrógina que combina lo masculino y lo femenino, simbolizando la unificación de dualidades.

Esta carta también ilustra la idea de proyección en psicología, donde las personas atribuyen a otros rasgos que en realidad les pertenecen. A medida que maduramos, estas proyecciones se reducen, y comenzamos a reconocer nuestras propias potencialidades.

En términos de simbolismo en el Tarot, el Papa es la autoridad en asuntos morales y espirituales, no basándose en textos escritos, sino en su posición como un portavoz infalible de la divinidad. Su mano derecha extendida simboliza su dominio sobre cuestiones de bien y mal, mientras que su mano izquierda, sosteniendo un báculo, indica su gobierno desde el corazón más que por la fuerza.

Los dos hombres arrodillados delante de él simbolizan los conflictos y dualidades inherentes a la naturaleza humana. Están de espaldas a nosotros, indicando que muchos de estos conflictos aún residen en el inconsciente. Buscan guía en el Papa, quien, a diferencia de ellos, posee una identidad firme y clara, actuando como un líder espiritual supremo y un guardián de la fe y la moral.

El Papa, conocido como "pontífice" que significa "el que hace el puente" en latín, simboliza en el Tarot el nexo entre lo humano y lo divino. Este papá reaparecerá nuevamente confrontando a la muerte en el arcano número 13. Este, representa un guía espiritual que conecta la sabiduría codificada de la Iglesia, ilustrada por las columnas detrás de él, con la experiencia humana actual. Su papel es crucial para aquellos que aún no han descubierto o han perdido su voz interior, ofreciendo un sistema de valores colectivos para orientar y apoyar.

En la era primitiva del Mago, la Papisa y la Emperatriz, hombres y mujeres vivían en armonía con su instinto. La aparición del Emperador marcó un cambio, disminuyendo la conexión mística con la naturaleza y fomentando un enfoque en el autoconocimiento y la individualidad. Con el tiempo, esto llevó a una mayor necesidad de orientación espiritual y moral, un rol que la Iglesia y el Papa comenzaron a desempeñar. El Papa, como cabeza de la Iglesia, se convierte en el árbitro definitivo en

El Papa en el Tarot, con su apariencia de figura paternal, simboliza el rol parental que desempeña la Iglesia en el desarrollo espiritual de sus seguidores, anunciando y protegiendo la ley general. A diferencia de la Papisa, que se comunica a través de la intuición y el sentimiento, el Papa articula sus pensamientos en un sistema racional. Representa la encarnación del Logos, enfocado en aspectos más internos de la conciencia y la responsabilidad, a diferencia del Emperador, quien se ocupa más del bienestar externo.

Las diferencias entre el Emperador y el Papa se reflejan en cómo se presentan en el Tarot: el Emperador mira hacia horizontes lejanos, mientras que el Papa se enfoca en los individuos frente a él, marcando un avance en el desarrollo de la conciencia humana.

El número cinco, asociado al Papa, simboliza la síntesis de los cuatro elementos básicos a través del espíritu, único al hombre. Representa el puente entre lo físico y lo arquetípico, con una calidad mágica vinculada a la esfericidad e infinito. El cinco combina la Trinidad espiritual con la dualidad de la experiencia humana, simbolizando la quintaesencia y la Realidad Última.

Análisis Gráfico de El Papa

Figura central

EL SUMO SACERDOTE está sentado entre dos columnas en un templo, similar a las columnas que aparecen en la carta de LA SACERDOTISA. Lleva una triple corona, que es un símbolo de su dominio espiritual en tres planos: el pensamiento, el sentimiento y la voluntad. Su mano derecha está levantada en un gesto de bendición o enseñanza, mientras que en la mano izquierda sostiene un cetro triple, que representa el equilibrio y la unificación de los opuestos.

Complementos y actitud

Su vestimenta roja y blanca indica sabiduría y conocimiento, así como la pasión y pureza que lleva en su rol. Se sienta con autoridad, y su actitud es la de un maestro o guía espiritual.

Entorno

A los pies del SUMO SACERDOTE, hay dos clérigos o seguidores, indicando que él es una figura de respeto y liderazgo espiritual. Las llaves cruzadas representan el acceso a los misterios ocultos y el conocimiento sagrado.

Simbolismo

Las columnas y el templo representan la estructura y los fundamentos de la fe y la moralidad. El número V en la parte superior de la carta simboliza la estructura y la estabilidad que se encuentra dentro de la religión y las tradiciones establecidas.

El Enamorado (Los Amantes)

En la carta del Enamorado, observamos una clara evolución de la conciencia desde lo colectivo a lo individual, contrastando con la carta anterior donde dos sacerdotes, alejados de lo mundano, se arrodillan ante una figura de autoridad espiritual. Estos sacerdotes, en su celibato, posiblemente evaden la confrontación entre lo carnal y lo espiritual, con sus dudas siendo más filosóficas que prácticas.

El Enamorado, en cambio, presenta un dilema más humano: un joven atrapado en un triángulo amoroso con dos mujeres. A diferencia de las figuras anteriores, él es de tamaño humano, simbolizando un paso hacia la conciencia individual. Este joven, sin autoridad a la cual acudir, representa el ego joven y vigoroso, enfrentando la vida y sus desafíos por sí mismo.

La disposición de los personajes en la carta refleja la dualidad y el conflicto interno. El joven, atrapado entre dos mujeres, muestra su división interna; su cabeza se vuelve hacia una, mientras su cuerpo se inclina hacia la otra. Este dilema representa la lucha entre diferentes aspectos de su ser, con cada mujer simbolizando distintos elementos emocionales y espirituales.

En la psicología junguiana, los personajes masculinos suelen representar lo consciente, los logros intelectuales y el espíritu, mientras que las figuras femeninas simbolizan lo corporal, las emociones y el alma. El joven, emocionalmente ligado a ambas mujeres, enfrenta la tensión de estos elementos contradictorios. Su elección no es solo externa, sino también una lucha interna para integrar estas partes de su psique.

La carta sugiere que el joven, al enfrentar y comprender estas dualidades, podría liberarse de sus ataduras emocionales y avanzar hacia su individuación. Sin embargo, si no lo logra, sus emociones e instintos podrían manipular su vida.

En el contexto de la vida real, este dilema representa la necesidad de equilibrar y reconciliarse con ambos aspectos representados por las mujeres para alcanzar una plena madurez. La elección ignorada seguirá al individuo, simbolizando un aspecto reprimido de su ser que demanda atención. Esta dualidad se ha interpretado tradicionalmente como la lucha entre el espíritu puro y la carne pecadora, reflejando las tensiones culturales y morales a lo largo del tiempo.

La figura angelical en esta narrativa puede transformarse en un antagonista que el héroe debe superar para rescatar su verdadero amor, simbolizando su alma. Este proceso es una metáfora del nacimiento de una nueva conciencia y vida, donde el Enamorado, representando el ego, se convierte en héroe en busca de autorrealización.

En esta carta, también, se destaca la conexión entre el conocimiento carnal y espiritual, un paralelo también observado en el Antiguo Testamento donde el acto sexual se asocia con "conocer". Este conocimiento implica un nacimiento de algo nuevo y simboliza los grandes conflictos y visiones a los que se enfrenta el Enamorado. Siguiendo las ideas de Jung, el conflicto se considera esencial para la vida y un requisito para el crecimiento espiritual. La verdadera comprensión de uno mismo solo se alcanza a través de la confrontación y resolución de conflictos personales. Estos desafíos son vistos como la materia prima para el crecimiento espiritual, en línea con las enseñanzas de los antiguos alquimistas.

El número seis, donde se sitúa la carta del Enamorado en el Tarot Rider, posee una significación única, considerado como el "primer número perfecto" por Pitágoras. Esta perfección se debe a que la suma de sus divisores (uno, dos y tres) iguala el número mismo. Simbólicamente, el seis se representa con una estrella de seis puntas, formada por dos triángulos entrelazados, uno apuntando hacia el cielo y el otro hacia la tierra, simbolizando la unión del espíritu masculino (el triángulo de fuego) y la emoción femenina (el triángulo de agua). Esta configuración crea una figura que guía al héroe en su viaje, donde el triángulo superior representa fuerzas como Eros y el Destino, mientras que el inferior se relaciona con el ámbito de las elecciones humanas. La estrella de seis puntas, como el gran símbolo de Salomón, encapsula la máxima hermética de "como arriba, es abajo" y se encuentra en diversas tradiciones simbolizando la interconexión del macrocosmos y el microcosmos.

La carta del Enamorado representa un momento crítico de posibilidades y destino, subrayando la esperanza de que el joven, y cada individuo, emplee lo mejor de sí en sus decisiones, conscientes de llevar consigo su ser completo en el camino que elijan.

Análisis Gráfico de Los Enamorados

Figura central

Sobre los dos personajes, hay un ángel con alas rojas, probablemente representando al Arcángel Rafael, cuyo nombre significa "Dios sana" y que se asocia con la curación y el amor. El ángel bendice a los dos personajes, simbolizando la protección y la armonía celestial.

Complementos y actitud

La carta muestra a un hombre y una mujer desnudos, lo que representa su vulnerabilidad y la conexión pura y honesta entre ellos. El hombre mira a la mujer, quien a su vez mira hacia arriba hacia el ángel, sugiriendo una cadena de aspiración desde lo terrenal hacia lo divino o una alineación de deseos humanos con valores espirituales más elevados.

Entorno

Detrás del hombre hay un árbol que lleva llamas, posiblemente representando el Árbol de la Vida y las pasiones ardientes, mientras que detrás de la mujer hay un árbol con frutas, que puede ser el Árbol del Conocimiento, simbolizando la sabiduría y la elección. Entre ellos se ve una montaña, que a menudo representa un desafío o un objetivo a alcanzar.

Simbolismo

El número VI en la parte superior de la carta sugiere equilibrio y armonía. El sol radiante detrás del ángel es un símbolo de la vida, el poder y la energía que ilumina y calienta, lo que indica claridad y verdad.

El Carro

En la carta de El Carro del Tarot, se representa un joven rey vigoroso, adornado con una insignia real y una corona de oro, situado en su carro. Este personaje simboliza el movimiento y la dirección, en contraste con la indecisión mostrada en la carta de El Enamorado. El Carro, sugiere un viaje de poder y conquista, donde el héroe explora sus potencialidades y limitaciones.

Las múltiples asociaciones con la palabra "carro" reflejan su significado como un vehículo de poder, evocando imágenes de figuras históricas y mitológicas, desde Ben Hur y Alejandro hasta Apolo y su hijo Faetón. Estas conexiones subrayan el carro como un símbolo de triunfo y autodescubrimiento. Además, la idea del carro que "nos lleva a casa" resalta su papel en el viaje psicológico hacia el autodescubrimiento, donde el compromiso con otros y los desafíos del entorno juegan un papel crucial.

Este viaje puede ser tanto físico como metafórico, ofreciendo conocimientos y exponiendo al individuo a riesgos y desorientación. La soledad en un entorno desconocido puede llevar a una revelación de la verdadera identidad o a una destrucción por la experiencia.

El joven que busca su fortuna en el mundo también persigue un valor más allá de lo material, similar a las leyendas de Alejandro o el viaje de Ulises, que se convierten en metáforas del autodescubrimiento que nos devuelve al centro al que pertenecemos. En este sentido, el carro simboliza un vínculo con lo divino, actuando como un conductor en el viaje hacia la individuación. Se asocia con poderes celestiales y místicos, como en el Budismo esotérico y la cábala, donde representa un medio para ascender hacia lo divino y la unión del alma humana con el alma del mundo.

La estructura del carro en el Tarot, con ruedas colocadas de manera peculiar, recuerda al carro místico de Elías y el carro de fuego de Ezequiel, ambos símbolos de poderes luminosos y divinos. La similitud en el diseño del carro con el carro de Ezequiel sugiere cualidades mágicas, y su forma general se asemeja a las ilustraciones del carro de Ezequiel y al palanquín papal.

El rey en el carro, enmarcado por cuatro postes, simboliza algo que trasciende la realidad ordinaria, al igual que la figura central de la carta del Papa, rodeada por sacerdotes y columnas, representa un quinto elemento esencial.

En la carta del Tarot "El Carro", se presenta un joven rey con poderes y privilegios especiales, destacándose por encima de la humanidad común. Su corona dorada, que evoca la imagen de un halo, lo conecta con la iluminación y la energía solar.

El carro del rey, a diferencia del trono fijo del Papa, permite mayor movimiento y flexibilidad. Es impulsado por dos entidades de colores opuestos, simbolizando los polos positivo y negativo de la energía animal. Estos "caballos" místicos, que pueden representar aspectos físicos y espirituales, sugieren la unión de opuestos que avanzan juntos, aunque no perfectamente.

Sorprendentemente, no hay riendas que controlen a dichas bestias. Parecen emerger del propio vehículo, indicando que son parte de un cuerpo psicofísico, con el rey como su gobernante.

Los postes, junto con el dosel que sostienen, crean un espacio seguro que protege al rey y modera sus energías. Reflejan las cuatro funciones junguianas, fundamentales para el ser psíquico, con colores que imitan a los de los caballos, indicando una armonización de diversos aspectos psíquicos hacia un objetivo común.

El carro representa una estructura psíquica móvil creada a partir de la resolución de conflictos reflejados en la carta de El Enamorado. Con el joven rey en su centro, simboliza un principio activo dominante, protegido de los elementos y peligros, como un giróscopo humano manteniendo el equilibrio de los opuestos.

Para experimentar un viaje en este carro, uno puede cerrar los ojos e imaginar estar sentado frente al rey, sintiendo el movimiento del vehículo y la presencia tranquilizadora del conductor. Esta meditación guiada permite al individuo explorar su paisaje interior, con escenarios y experiencias que pueden cambiar según su deseo. El rey actúa como un conductor confiable, listo para llevar al viajero de regreso a casa cuando así lo decida. Este ejercicio imaginativo es una invitación a explorar la psique a través de la carta número siete del Tarot.

En la búsqueda de experiencias trascendentales o viajes imaginativos, se han explorado diversas vías, incluyendo el uso de sustancias como la marihuana y el LSD. Sin embargo, estas prácticas, a menudo ilegales y peligrosas, no son necesarias para aquellos que buscan explorar su espacio interior. En lugar de recurrir a ayudas externas, que pueden ser perjudiciales, se puede descubrir que viajar por el espacio de la imaginación es algo innato y accesible para todos. El "carro" de nuestra imaginación está siempre disponible, esperando a ser utilizado para un viaje interior.

Este carro simbólico es una herramienta poderosa para explorar la psique. La esencia del conductor de este carro es estar en sintonía con el destino. No es ni conductor ni conducido, y su conexión con el entendimiento dorado del sol y las fuerzas divinas, simbolizadas por emblemas como Urim y Thummim, le otorga una guía divina. Este carro se convierte en un símbolo del poder conductor de la psique, que es un proceso en constante movimiento. Al cerrar los ojos y alejarnos de la realidad exterior, nos embarcamos en un viaje hacia nuestro interior, donde las imágenes fluyen como una película para el ojo interior, formando nuestra vida y acciones.

En diversas tradiciones y filosofías, el número siete tiene significados profundos relacionados con la creación, la transformación y la armonía divina, como los siete actos de creación en el Génesis, los siete estadios de transformación alquímica, y los siete chacras en la filosofía oriental. Así, El Carro no solo simboliza un viaje, sino también el comienzo de una nueva era y un movimiento hacia el equilibrio y la armonía. La imagen del rey en el carro, rodeado de plantas y brotes nuevos, refleja esta vitalidad y el impulso hacia la realización del destino único.

En la secuencia del Tarot, cada tercera carta, denominada "carta semilla", señala una transición y contiene el potencial para un nuevo crecimiento. Ejemplos de estas cartas incluyen El Emperador, La Rueda de la Fortuna, La Muerte, La Torre y El Sol. Cada una inicia un nuevo ciclo de desarrollo, reflejando diferentes etapas de la vida y del crecimiento espiritual.

El Emperador simboliza la transición de la infancia y la niñez a la juventud, marcando el paso de estar bajo el cuidado materno y familiar a un entorno social más amplio y dominado por figuras masculinas, representando el principio masculino.

El Carro, por su parte, indica una iniciativa hacia la adultez, donde el individuo busca su lugar en la sociedad y descubre sus potencialidades y limitaciones. Jung menciona que nuestra personalidad se desarrolla a lo largo de la vida a partir de gérmenes iniciales, y que son nuestras acciones las que revelan nuestra verdadera identidad. El Carro simboliza este viaje de autodescubrimiento, llevando al individuo desde las emociones turbias hacia una realidad más sólida y satisfactoria.

Análisis Gráfico de El Carro

Figura central

EL CARRO está comandado por un joven guerrero que lleva armadura, indicando protección y preparación para los desafíos que enfrenta. Su corona tiene una estrella en el centro, representando su iluminación y guía espiritual. La mirada del conductor es hacia adelante, significando un enfoque claro y una determinación en la dirección que ha elegido.

Complementos y actitud

En sus hombros, lleva las lunas crecientes que representan el mundo que deja atrás y la influencia subconsciente. No lleva riendas en sus manos, lo que sugiere que controla el carro a través de su voluntad y su mente. El cuadrado en su pecho simboliza la tierra y la materia, indicando que tiene el poder de materializar su voluntad.

Entorno

Los dos esfinges delante del carro, una negra y una blanca, representan los opuestos, los misterios y los enigmas de la vida que el conductor ha aprendido a manejar y equilibrar. El carro está estacionado, lo que sugiere que el éxito no viene de la velocidad, sino de la confianza y el control.

Simbolismo

La carta está coronada por un dosel de estrellas, lo que indica la conexión celestial y el éxito alcanzado. El número VII en la parte superior de la carta simboliza la victoria alcanzada a través de la sabiduría y el entendimiento. Las torres en el fondo simbolizan los logros pasados y los desafíos superados.

La Fuerza

Tras la Rueda de la Fortuna, el héroe se aleja de lo exterior para enfocarse en su desarrollo interno. Este viraje se visualiza en la carta de la Fuerza, la onceava del mazo, donde una mujer, vestida a la moda de su tiempo y sin ser una figura divina, doma un león. Este acto simboliza su control sobre los instintos y representa al anima, aspecto femenino del subconsciente del héroe.

La mujer, siendo una presencia cultural refinada y educada, utiliza su poder humano y directo para controlar al león, indicando un manejo más personal y menos autoritario de sus fuerzas internas. Su número, el once, insinúa una conexión con las fuerzas combinadas de las diez cartas anteriores, y sugiere un nuevo comienzo.

El simbolismo de la mujer y el león evoca historias como "La Bella y la Bestia" y "Eros y Psique", donde la aceptación de lo salvaje y primitivo conlleva a una transformación positiva. En el Tarot, esta transformación se refleja en la comparación entre la Rueda de la Fortuna y la Fuerza, donde el aspecto instintivo pasa de ser una figura patética a un león digno y noble.

Según Jung, la vida se divide en dos fases: una dedicada a la naturaleza y la otra a la cultura. La Fuerza representa esta transición, donde la interacción entre lo humano y lo animal se manifiesta en un drama íntimo y personal, destacando la importancia de la relación, el tacto físico y la comprensión emocional. La magia de esta carta reside en la conexión humana y el manejo equilibrado de los instintos, evitando que el héroe sea consumido por deseos arquetípicos de poder u orgullo.

Carl Jung enfatizaba la importancia de reconocer y aceptar estas energías instintivas. Ignorarlas puede tener consecuencias negativas, como enfermedades psicosomáticas o incluso comportamientos destructivos. En situaciones extremas, como en la esquizofrenia, la desconexión con estos instintos puede ser tan severa que el cuerpo parece actuar de manera independiente del ego.

La Fuerza nos enseña la importancia de confrontar y entender nuestra naturaleza instintiva. Jung argumentaba que el miedo a lo inconsciente es un obstáculo para el autoconocimiento y una comprensión más amplia de la psicología. La dama en la carta de la Fuerza no muestra temor, sugiriendo que enfrentar y domar nuestra naturaleza animal es beneficioso. La ambigüedad en la acción de la mujer con el león – ¿está cerrando o abriendo su boca? – refleja la necesidad de adaptarse a distintas situaciones, reconociendo cuándo expresar o contener nuestros instintos.

La relación de la mujer con el león difiere de la confrontación masculina y agresiva, como se muestra en la figura de Sansón luchando con un león. En lugar de una lucha directa, la dama en la carta de la Fuerza se acerca al león con calma y suavidad, simbolizando un enfoque más sutil y reflexivo para manejar la fuerza instintiva.

El león tiene una dualidad, siendo tanto destructivo como redentor. Su fuerza, orgullo y ansia de poder son conocidos, pero también existe un deseo de redención.

La carta de la Fuerza en el tarot sugiere la necesidad de una visión interna y fortaleza para manejar estos instintos. La relación armónica entre la dama y el león indica un control consciente sobre los instintos, evitando ser consumidos por ellos. A diferencia de Artemisa, la diosa de los animales, que puede ser tanto protectora como destructiva, la Fuerza en el tarot propone un enfoque equilibrado.

Jung siempre enfatizó la importancia de abrazar y comprender el aspecto animal de nuestra psique, una idea profundamente arraigada en la teoría junguiana de los arquetipos y el inconsciente colectivo. Según Jung, este aspecto animal, a menudo representado por poderosos símbolos animales en sueños y mitos, es una parte esencial de nuestra naturaleza humana y juega un papel crucial en nuestro desarrollo psicológico y espiritual. Los sueños, según Jung, son una vía fundamental para acceder a este aspecto instintivo. A través de los sueños, el inconsciente se comunica con el consciente, revelando deseos, miedos y sabiduría interior que a menudo son ignorados o reprimidos en la vida despierta. Los animales en los sueños, particularmente los leones, pueden simbolizar fuerzas primitivas, poderes instintivos o aspectos de nuestra personalidad que necesitamos reconocer y reconciliar.

Este encuentro en sueños entre la humanidad y lo instintivo sugiere un diálogo necesario entre estas dos facetas de nuestro ser. Al aceptar y entender nuestro lado animal, podemos alcanzar un mayor equilibrio y armonía en nuestras vidas. Esta integración es clave para la individuación, un proceso central en la psicología de Jung, donde el individuo busca convertirse en la versión más completa y auténtica de sí mismo.

Por lo tanto, en nuestra travesía personal, es crucial mantener una vigilancia sobre estos instintos, con la ayuda de figuras mediadoras como la dama de la Fuerza, para explorar y comprender las profundidades de nuestra psique de manera segura.

La carta plantea la pregunta: ¿la Fuerza se refiere a la dama o al león? La respuesta podría ser ambos, ya que cada uno representa una poderosa fuerza. La interacción entre ellos simboliza el compromiso mutuo y el equilibrio, y la manera en que la energía del león se integra con la mujer sugiere una fusión simbólica de sus esencias.

Análisis Gráfico de La Fuerza

Figura central

Una mujer está abriendo suavemente la boca de un león. Su expresión es tranquila y serena, indicando que domina al león no a través de la fuerza física, sino a través de la fuerza de su carácter y su espíritu. Su vestido blanco con flores simboliza la pureza y la inocencia.

Complementos y actitud

Sobre su cabeza flota el símbolo del infinito, lo que indica la sabiduría infinita y la energía que posee. La corona de flores en su cabeza y el cinturón de rosas alrededor de su cintura representan una conexión con la naturaleza y la belleza, así como el ciclo de nacimiento, muerte y renacimiento.

Entorno

Se encuentran en un paisaje verde, lo que sugiere un ambiente de armonía y crecimiento. La montaña en el fondo puede representar desafíos duraderos y conquistas estables.

Simbolismo

El león es un símbolo de pasiones y deseos animales, y el hecho de que la mujer lo esté calmando suavemente representa la conquista de los impulsos básicos a través de la fuerza del espíritu y el amor. El número VIII en la parte superior de la carta es un recordatorio de equilibrio y poder.

El Ermitaño

El Ermitaño, en la visión de Jung, encarna el arquetipo del Viejo Sabio, un símbolo de sabiduría intuitiva y no académica. Esta figura, representada en el tarot, se distingue por su introspección y conexión espiritual, diferente de figuras como el Papa o la Justicia. El Ermitaño se enfoca en el presente, asimilando experiencias pasadas sin la necesidad de prever el futuro.

La lámpara del Ermitaño simboliza la introspección mística y la búsqueda de iluminación personal, un camino abierto a todos, no solo a los santos. Esta llama representa la esencia del espíritu, un elemento trascendental que disipa la oscuridad espiritual. La luz filtrada a través de una cortina rojo-sangre conecta la iluminación del Ermitaño con la humanidad y sus experiencias.

Jung veía en el Ermitaño una figura que refleja la búsqueda universal de significado, tanto en el ámbito científico como en el espiritual. Este arquetipo aparece en mitos y sueños, especialmente en momentos de crisis cultural, ofreciendo luz y esperanza. Su reaparición simboliza una respuesta a la creciente oscuridad y confusión en la sociedad, un llamado a encontrar significado y propósito más allá del ego.

La necesidad humana de sentir pasión y encontrar un propósito trascendente es un tema central en la interpretación del Ermitaño en el tarot. Esta búsqueda de significado va más allá del ego, buscando un sentido más elevado y profundo en la vida. A menudo, esta búsqueda comienza con la proyección de autoridad y significado en figuras externas como padres, líderes religiosos o políticos, y otras figuras de autoridad. Estas proyecciones son una parte natural del viaje hacia la consciencia, donde inicialmente buscamos guía y significado fuera de nosotros mismos.

Sin embargo, el encuentro con el Ermitaño marca un punto de inflexión en este viaje. Representa un movimiento hacia adentro, invitando al buscador a dejar de mirar hacia figuras externas para encontrar significado y, en cambio, mirar hacia su propio interior. El mensaje del Ermitaño es uno de introspección y descubrimiento personal. Él simboliza la sabiduría que viene de entender y aceptar nuestra propia luz interior, nuestra propia chispa única de entendimiento y propósito.

Este proceso no siempre es fácil o directo. Si el buscador está abierto y dispuesto a escuchar, el Ermitaño puede guiarlo hacia la iluminación personal, ayudándole a encontrar su propia "lámpara", una metáfora de la comprensión y el conocimiento interno. Pero si no está listo o dispuesto a aceptar este camino de autoexploración y autenticidad, puede malinterpretar el mensaje del Ermitaño. Esta malinterpretación puede llevar a confusiones o a seguir buscando respuestas y significados en el exterior, en lugar de encontrarlos dentro de sí mismo.

El Ermitaño, representa un desafío crucial en el viaje del héroe: el desafío de dejar de depender de las autoridades y creencias externas y comenzar el difícil pero gratificante camino de construir su propia comprensión y autoridad internas. En la sociedad moderna, a menudo nos enfrentamos a la soledad disfrazada de conexiones superficiales. Los psicólogos han identificado cómo nos aislamos dentro de la conformidad social, y cómo buscamos alivio en terapias de grupo y actividades comunitarias. Sin embargo, la verdadera autorrealización requiere un viaje solitario y personal hacia la individuación, descubriendo nuestra identidad única al separarnos de la masa. Este proceso implica reconocer y reintegrar las proyecciones de nosotros mismos en los demás, lo que puede lograrse retirándose temporalmente de la sociedad y abrazando la soledad.

Los períodos de introversión nos benefician al enriquecer nuestra vida imaginativa, permitiendo que los personajes de nuestro mundo interior interactúen con nosotros de diversas maneras, como sugiere la figura del

Ermitaño en el Tarot. Sin embargo, es crucial mantenerse anclado en nuestra humanidad a pesar de la inspiración creativa. En la actualidad, hay una creciente tendencia a buscar la iluminación interna como respuesta a la insatisfacción con la superficialidad de nuestra sociedad. Estos momentos de soledad son valiosos para recargar energías y agudizar nuestro sentido de identidad.

Edward Edinger, en su libro "Ego y Arquetipo", analiza la palabra "solitario" desde una perspectiva gnóstica, sugiriendo que la soledad puede ser sinónimo de unidad interna. Jung amplía esta idea, argumentando que el camino hacia una mayor conciencia es comparable al acto prometeico de robar el fuego a los dioses. Esta búsqueda de conocimiento nos separa de la humanidad, pero también nos eleva. Jung destaca que, a pesar de esta alienación, una persona puede seguir involucrada en la vida cotidiana de una manera renovada y auténtica, como lo ilustra la figura de un ermitaño Zen realizando tareas domésticas.

El número nueve, asociado al Ermitaño en el Tarot, simboliza la cima de la consciencia humana en la interpretación de Jung. Este número, siendo el más alto de los dígitos únicos, representa la máxima altura del poder individual. Psicológicamente, el nueve presagia la transición al número diez, donde la energía celestial se une con lo terrenal, marcando un nuevo ciclo de expansión. Este proceso se asemeja a la gestación humana, un tiempo de preparación para el nacimiento de algo nuevo. En este contexto, no haber alcanzado nuestra propia iluminación podría resultar en una sobrecarga destructiva.

Históricamente, el nueve ha sido un número de gestación e iniciación en varias culturas y prácticas religiosas, simbolizando el viaje hacia la autorrealización. Matemáticamente, el nueve tiene propiedades de regresar a sí mismo, lo que refuerza su simbolismo en la iniciación y el autodescubrimiento.

Ignorar el mensaje del arquetipo del Ermitaño, como el llamado a la introversión, puede llevar a un aislamiento forzado. Aprender del Ermitaño implica conocer el arte de retirarse y reintegrarse en la sociedad a voluntad. El Ermitaño en el Tarot representa esta habilidad de transitar entre la soledad y la interacción social.

El ritmo de la vida, marcado por la alternancia entre introversión y extraversión, se refleja en la figura del Ermitaño. Este arquetipo enseña a reconocer y seguir nuestro propio ritmo, como el acto natural de respirar. El Ermitaño es un guía hacia la comprensión de que la vida es un proceso continuo, no un problema estático.

En la sociedad moderna, no existen patrones preestablecidos o soluciones universales; cada individuo debe encontrar su propia chispa interna. La historia nos muestra que no podemos depender de autoridades externas para soluciones iluminadoras. En cambio, el mensaje del Ermitaño resuena con más fuerza: cada uno debe descubrir su propia luz interior. No es algo que vendrá del exterior, sino algo que se genera dentro de cada ser humano.

El espíritu, en esta perspectiva, no es algo externo o alcanzable, sino una llama interna que se renueva en cada generación y con cada respiración. En este sentido, cada uno de nosotros, al igual que Prometeo, lleva un poco del fuego sagrado hacia su fuente original, contribuyendo así a la recreación continua del Espíritu. La búsqueda de la luz interior es un viaje personal y el Ermitaño aguarda nuestra respuesta a su silencioso llamado.

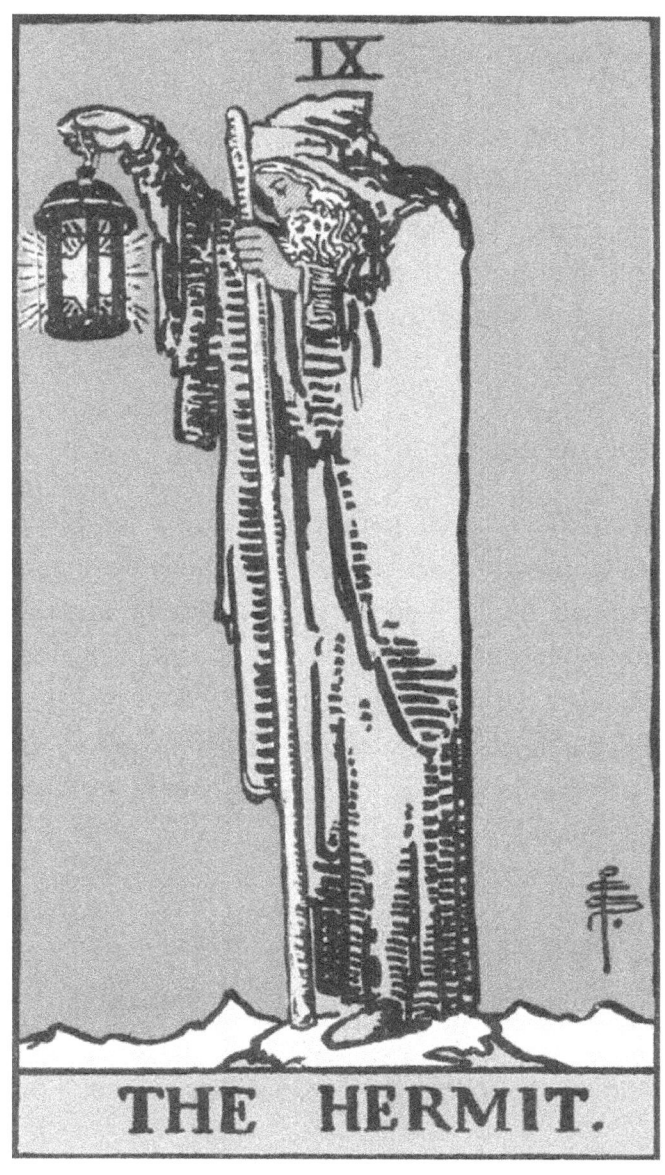

Análisis Gráfico de El Ermitaño

Figura central

EL ERMITAÑO se muestra como una figura solitaria parada en la cima de una montaña, lo que implica que ha alcanzado un alto nivel de conciencia o comprensión. Está vestido con una larga túnica gris, simbolizando neutralidad y sabiduría, y parece estar en una búsqueda personal de conocimiento.

Complementos y actitud

Sostiene una lámpara en su mano izquierda, que ilumina su camino y simboliza la búsqueda de la verdad en la oscuridad de la ignorancia. La estrella dentro de la lámpara representa la luz de la guía espiritual que es pequeña pero suficiente para iluminar su camino. En su mano derecha, lleva un bastón amarillo, que le ayuda a navegar por el terreno difícil y representa la autoridad y el poder de su experiencia.

Entorno

La nieve a sus pies puede simbolizar las alturas emocionales o espirituales que ha alcanzado y también la dura y solitaria senda de la iluminación personal.

Simbolismo

La montaña representa logros, crecimiento y la conquista de desafíos. La soledad de EL ERMITAÑO sugiere que el camino hacia la comprensión profunda a menudo se recorre solo.

La Rueda De La Fortuna

Esta imagen simboliza la predestinación y el ciclo interminable de la vida. Una rueda enmarcada por múltiples entidades que representan la dualidad de la existencia: ascenso y caída, creación y destrucción.

Carl Jung interpretaría estos animales como manifestaciones de la libido inconsciente, dividida entre el deseo de dominar (yang) y la tendencia a recibir (yin).

A lo largo de la historia, la humanidad ha luchado por liberarse de la repetición cíclica de la vida y la muerte, buscando un significado más profundo en los altibajos de la fortuna.

La rueda a menudo se ve como un correctivo a la hybris, con el arte medieval mostrándola como un instrumento de tortura. Mitos como el de Ixión, atado a una rueda de fuego por Zeus por desafiar su lugar en el orden natural, ilustran las consecuencias de desafiar los límites humanos.

La esfinge en el Tarot, representando fuerzas tanto destructivas como creativas, nos desafía a encontrar un equilibrio entre aceptar nuestra naturaleza humana y trascender nuestras limitaciones. La Rueda del Tarot, entonces, no es solo un símbolo de la predestinación, sino también un recordatorio de la posibilidad de crecimiento y transformación.

Este movimiento constante de la rueda simboliza la interrelación de todas las facetas de la naturaleza, incluyendo la humana. Nos invita a contemplar la simultaneidad de los opuestos, como la vida y la muerte, y a reconocer que somos parte de un proceso continuo de transformación.

El centro fijo de la rueda representa estabilidad y ley universal, mientras su borde exterior, en constante movimiento, simboliza la diversidad y la experiencia individual. Este contraste se puede interpretar como la interacción entre lo arquetípico y lo efímero, lo ideal y lo real.

Carl Jung podría relacionar esto con los conceptos de introversión y extraversión. El introvertido, cercano al centro de la rueda, se enfoca en el mundo interior y en imágenes arquetípicas constantes de la psique humana. Por otro lado, el extravertido, ubicado cerca del borde exterior, se atrae por el mundo externo y la diversidad de experiencias. Mientras que el introvertido busca significado interno antes de interactuar con el mundo exterior, el extravertido encuentra significado a través de la interacción con el entorno.

La Rueda, como símbolo "amoral", no prioriza ni mide valores relativos, lo que la convierte en un captador ideal de proyecciones para varios opuestos. No hay preferencia por ninguna posición en su borde, simbolizando la igualdad y la interrelación. Esto se refleja en otras tradiciones como el I Ching, donde los hexagramas representan diferentes momentos y estaciones, mostrando la adecuación y necesidad de cada uno, sin juicios de valor.

Meditar sobre la Rueda ayuda a entender que los momentos de la vida son parte de un proceso continuo, de allí que dentro de la rueda se lean las letras T A R O conectando nuevamente con la T inicial para referenciar que en el "TaroT" como en el universo, no hay principio ni fin.: El pasado, presente y futuro están interconectados. Este enfoque permite aceptar las paradojas del momento presente y ver la vida como un todo, anticipando los cambios que trae la Rueda.

Los Arcanos mayores del Tarot representan esta jornada espiritual, donde después de conquistar el mundo exterior, las energías se vuelven hacia adentro para el desarrollo espiritual. Jung consideraba que la vida humana tiene un significado y un propósito más allá de lo biológico, ofreciendo la oportunidad de un nuevo comienzo en distintas etapas de la vida. La Rueda del Tarot simboliza un punto crucial en la vida que puede ocurrir en cualquier momento y girará varias veces, presentando oportunidades y desafíos en diferentes etapas de la vida.

El simbolismo del número diez en la Rueda de la Fortuna, como el cuatro del Emperador y el siete del Carro, evoca la unidad y marca un retorno al principio, sugiriendo un ciclo completo y una integración de experiencias. La composición del número diez, con el uno (unidad, conciencia, el ser humano) y el cero (lo celestial, lo infinito), simboliza la unión del humano con lo divino o el cosmos. Esto representa una nueva etapa de conocimiento en la que la humanidad, liberada de sus ataduras anteriores, adopta una perspectiva más elevada y objetiva del universo.

En el contexto del viaje del héroe en el Tarot, el número diez indica una revolución psíquica. El héroe, al liberarse de un ciclo repetitivo y superficial, ahora se ve a sí mismo y a su vida desde una perspectiva holística. Se da cuenta de que su vida, con todos sus eventos y conflictos, forma parte de un patrón más amplio y significativo, similar a un Mandala. Este reconocimiento le lleva a ver su vida personal como parte de una narrativa mítica más grande, conectada con los arquetipos universales y los mitos heroicos que han formado la base de las culturas y las religiones a lo largo de la historia.

Este entendimiento lleva al héroe a una comprensión más profunda de su lugar en el universo. Comprende que su vida no es simplemente una serie de eventos aislados, sino que forma parte del tapiz cósmico. Al contemplar el movimiento perpetuo de la Rueda de la Fortuna, el héroe se da cuenta de que la vida es menos un acertijo por resolver y más un misterio asombroso para experimentar.

Esta epifanía conduce a una humildad y un respeto renovados tanto por las fuerzas divinas como por la naturaleza humana. El héroe se encuentra en un estado de asombro ante la complejidad y la belleza de la existencia humana, reconociendo tanto su pequeñez frente a la vastedad del cosmos como la grandeza inherente a la experiencia humana. Este momento de iluminación trae consigo un nuevo sentido de propósito y conexión con el mundo, una percepción de que cada vida individual es una parte integral del continuo de la existencia.

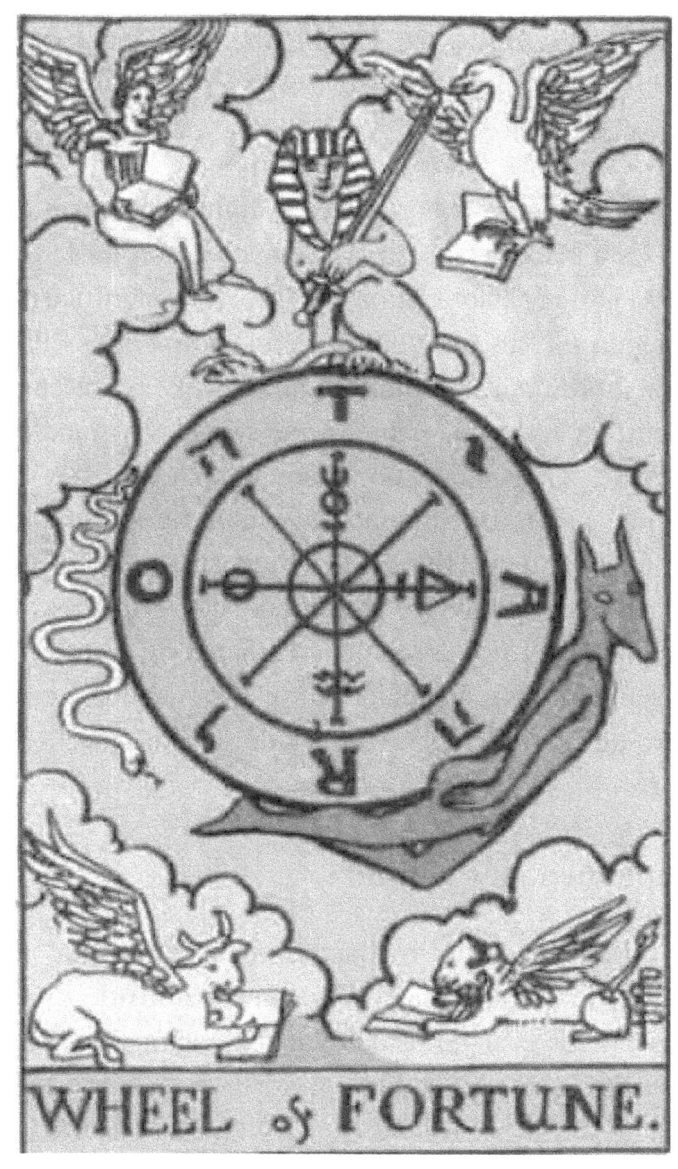

Análisis Gráfico de La Rueda de La Fortuna

Figura central

La Rueda de la Fortuna es la figura prominente en la carta. Está inscrita con letras que pueden formar la palabra "TAROT" o la palabra latina "ROTA" (que significa rueda), sugiriendo un vínculo con el destino y los ciclos eternos. También presenta símbolos alquímicos que representan los elementos y las letras hebreas que son interpretadas como "YHWH", el nombre no pronunciado de Dios en la tradición judía. Encima aparece una figura que puede interpretarse como HERMES, el mensajero de los dioses, guía de las almas y patrón de los viajeros y los comerciantes. Hermes como conductor de almas, puede representar la comunicación entre los mundos terrenal y divino, el movimiento y el flujo de la vida que la Rueda sugiere.

Complementos y actitud

Alrededor de la rueda, hay cuatro criaturas en las esquinas de la carta, cada una con un libro de texto que representa los evangelios del Nuevo Testamento y también los cuatro signos del zodíaco fijos: un ángel (Acuario), un águila (Escorpio), un león (Leo) y un toro (Tauro). Estas criaturas están leyendo, lo que sugiere sabiduría y aprendizaje continuo.

Entorno

La rueda está en el centro de las nubes, lo que indica que los eventos que representa están más allá del control humano y se desarrollan según las leyes divinas o universales.

Simbolismo

En la rueda, hay figuras ascendiendo y descendiendo, que representan la naturaleza cíclica de la fortuna y el cambio: lo que sube debe bajar y viceversa. La serpiente a la izquierda simboliza la sabiduría y el descenso, mientras que el Anubis ascendiendo a la derecha puede representar la evolución y el crecimiento.

La Justicia

La carta de la Justicia en el Tarot, un ícono del equilibrio entre lo espiritual y lo terrenal, representa no solo la armonía sino también una comprensión profunda de la naturaleza humana dual. Esta figura majestuosa, situada en un trono, sostiene una espada dorada, simbolizando no la agresión, sino un poder más elevado de discernimiento y justicia. Este símbolo nos invita a reflexionar sobre la importancia de asumir la responsabilidad total por nuestras acciones y conocimientos, enfatizando que la justicia trasciende la simple noción de castigo o recompensa.

La representación de la Justicia, marcada con el número ocho, es un recordatorio constante de la interacción necesaria entre los aspectos celestiales y terrenales de nuestra existencia. La figura, equilibrando los aspectos masculinos y femeninos, simboliza la integración de fuerzas opuestas, subrayando la importancia de un equilibrio armonioso en la vida. Esta integración refleja una perspectiva junguiana de los arquetipos y la psique humana, donde el equilibrio interno es crucial para el desarrollo personal.

La Justicia, con su espada dorada, nos recuerda que debemos trascender la inocencia infantil y abrazar plenamente el conocimiento del bien y del mal, asumiendo la responsabilidad por este conocimiento. La espada no solo simboliza el poder, sino también un sacrificio: la necesidad de cortar los lazos de dependencia infantil y buscar un equilibrio maduro y consciente.

La posición de la espada, erguida y a la derecha, es significativa. No está en una postura de ataque o defensa, sino que se mantiene como un cetro de autoridad y poder. Esta postura refleja la importancia de un poder equilibrado, uno que no se inclina hacia la agresión ni la pasividad, sino que se mantiene firme en la justicia y la verdad.

Esta espada no solo representa el poder y el discernimiento, sino también el sacrificio necesario para lograr la independencia psicológica. Al cortar los lazos de dependencia con sus padres, el héroe inicia un camino hacia una relación equilibrada y adulta entre generaciones.

La espada en el Tarot también implica el sacrificio de ilusiones, marcando el fin de los sueños juveniles y la necesidad de discernir entre fantasía y realidad. Simboliza el poder de penetrar confusiones y revelar verdades centrales, recordando el juicio de Salomón y su sabiduría en descubrir la verdad sin necesidad de usar la espada.

La Justicia, con su espada apuntando al cielo y la balanza en su otra mano, representa la dualidad de la experiencia humana y la relatividad de nuestras acciones. Estos símbolos, uno rígido y otro móvil, reflejan la necesidad de equilibrio entre lo espiritual y lo terrenal, el idealismo y el pragmatismo. La Justicia, con su mirada trascendente, simboliza una visión interior más allá de lo intelectual, enfocándose en un juicio imparcial y profundo.

La carta resalta la función de ajuste y compensación en nuestras vidas, tanto en el contexto legal como en el natural. La psique, siguiendo las leyes de la naturaleza, busca siempre compensar las carencias del consciente. Según Jung, nuestros sueños son complementarios al estado actual del ego, no buscando la perfección sino el equilibrio y la plenitud.

En el comienzo de nuestra historia y desarrollo personal, los opuestos eran indiferenciados, todo era fluido y confuso, con la conciencia sumergida en el inconsciente. Con el tiempo, como simboliza Excalibur emergiendo del agua, los opuestos se diferenciaron, un proceso ilustrado por palabras como la latina "altus" (alto y bajo) y el verbo inglés "to cleave" (unir y separar). Este concepto se refleja en la espada de la Justicia, que puede servir tanto para unir como para dividir.

En estados de tensión emocional, cuando perdemos contacto con la espada de discernimiento, nos hundimos en el inconsciente donde los opuestos se confunden. Dominados por emociones intensas, podemos actuar destructivamente. En estos momentos, contemplar la balanza dorada de la Justicia puede ayudarnos a restaurar el equilibrio, recordándonos cómo los opuestos pueden colaborar creativamente. La balanza simboliza la unión y separación de fuerzas como el bien y el mal, el amor y el odio, en una danza perpetua de movimiento y equilibrio.

Nuestros sistemas judiciales, sorprendentemente, logran este equilibrio más a menudo de lo que se piensa, tal vez porque la Justicia, tradicionalmente representada como una figura femenina, se asocia con los dominios del sentimiento, que son cruciales para entender y equilibrar los asuntos de conciencia.

Se podría decir que, La Justicia, no se trata de exactitud matemática, sino de armonía y una verdad que trasciende la medida pura, recordando cómo la belleza y la verdad se entrelazan, como en la arquitectura del Partenón, diseñada según la perspectiva humana y no solo la lógica. Luego, la justicia poética busca restaurar las leyes universales de armonía y equilibrio creativo, no solo en el cielo sino también en la tierra. Ejemplos como el mito de Faetón ilustran cómo la justicia actúa para preservar la unidad del todo, más que para castigar al individuo.

Análisis Gráfico

Figura central

LA JUSTICIA está representada por una figura regia sentada en un trono, lo que sugiere una posición de autoridad. La corona en su cabeza indica su conexión con lo divino y la ley superior. Su rostro es serio y directo, lo que refleja imparcialidad y la seriedad de su tarea.

Complementos y actitud

En su mano izquierda sostiene una balanza, que es el símbolo universal de la equidad y el equilibrio. La balanza está perfectamente nivelada, lo que indica que la justicia es medida y exacta. En su mano derecha, sostiene una espada erguida, que simboliza la aplicación firme y final de la ley, así como la capacidad de cortar a través de la ilusión para llegar a la verdad.

Entorno

Se encuentra entre dos pilares, similar a los que aparecen en la carta de EL SUMO SACERDOTE, lo que sugiere que las decisiones que toma están basadas en estructuras y principios establecidos. El velo detrás de ella separa el espacio sagrado de la sala del juicio del mundo exterior, indicando que la justicia opera en un espacio que es aparte de influencias ordinarias.

Simbolismo

Las columnas también pueden sugerir la dualidad entre la misericordia y el castigo. La posición sentada de LA JUSTICIA, directamente frente al observador, implica que uno no puede evitar el juicio y debe enfrentarse a las consecuencias de sus acciones.

El Colgado

El Colgado en el tarot ilustra un hombre joven colgado boca abajo, atado por un pie a un patíbulo. Esta posición, con la cabeza más baja que la tierra, simboliza una conexión con la naturaleza y una suerte de humildad ante el destino. El joven, con manos atadas, representa la impotencia y la aceptación de las circunstancias.

Este arcano refleja una pausa forzada en la vida, una especie de limbo donde el protagonista debe enfrentar una transformación interna. La imagen evoca una lucha inicial por la libertad y un eventual entendimiento de la situación. Este proceso puede interpretarse como un rito de iniciación, donde el joven debe encontrar un nuevo centro de equilibrio y sabiduría interna.

El Colgado también sugiere una inversión de perspectiva. Cuando se voltea la carta, la figura parece liberada, bailando en un pie, simbolizando que lo que inicialmente parece una restricción puede convertirse en una fuente de liberación y crecimiento espiritual. Este cambio de percepción es crucial para entender la carta.

Desde la perspectiva psicológica de Jung, El Colgado representa el enfrentamiento con el inconsciente, un descenso a los aspectos más profundos de la psique que desafían la racionalidad y el control. Esta carta sugiere un abrazo de lo desconocido y un reconocimiento de la importancia de los procesos internos que están fuera del control consciente.

Históricamente, estar colgado boca abajo era un castigo para los traidores, simbolizando la ignominia y el ridículo público. En el tarot, este simbolismo se transforma en un signo de humildad y sacrificio. El Colgado nos recuerda a figuras como Pedro, que pidió ser crucificado de cabeza, simbolizando un acto de sumisión y una búsqueda de perspectiva más allá del ego.

El Colgado desafía la noción occidental de la acción constante, sugiriendo que hay valor en la pausa, la reflexión y la transformación interna. Esta carta nos invita a considerar los beneficios del retiro temporal del mundo activo para cultivar una comprensión más profunda de nosotros mismos

Esta figura, a menudo vista como un inconformista, experimenta un conflicto con la colectividad, lo que puede llevar a un aislamiento social y a un cuestionamiento profundo de sus valores y creencias.

El Colgado también simboliza un descenso a aspectos más profundos y menos glorificados de la psique. A diferencia de la carta de la Fuerza, donde se enfrentan desafíos más evidentes y heroicos, aquí el enfoque es hacia una introspección más sutil y profunda, conectando con la naturaleza en su forma más básica y fundamental.

Jung interpretaba este arcano como un enfrentamiento con el inconsciente, un proceso de sacrificio y transformación. El sacrificio de las imágenes egocéntricas y la confrontación con las realidades más humildes de la existencia se convierten en un camino hacia una vida más auténtica y sagrada. Este proceso es único en los seres humanos, diferenciándolos del resto del reino animal.

El Colgado, como una víctima del destino, tiene la oportunidad de aceptar conscientemente su situación y buscar su significado, a diferencia de los animales que simplemente soportan su suerte. Esta carta invita a explorar nuevas perspectivas y experiencias, incluso a través de prácticas como el yoga, que pueden proporcionar una renovación física y espiritual.

Esta carta refleja un periodo de transición, donde se abandonan viejas costumbres y se abrazan caminos desconocidos, requiriendo sacrificio y valentía. Es un tiempo de sentirse "colgado", en un estado de incertidumbre y cambio, donde los antiguos patrones ya no sirven. Esta experiencia de estar entre dos mundos puede ser desorientadora y humillante, despojando al individuo de su orgullo y de las máscaras sociales.

Finalmente, la carta del Colgado en el tarot Rider es una metáfora de la espera y la anticipación, ofreciendo una visión de la eternidad y un recordatorio de que el tiempo es un continuo, donde el pasado, presente y futuro se entrelazan. La experiencia de esta carta es una invitación a explorar la profundidad de la existencia y a encontrar alegría y significado incluso en los momentos de suspensión y cambio.

El número doce, como número que lo señala en la secuencia del Tarot, encarna un período significativo en la vida humana. Este número simboliza los ciclos naturales del tiempo, como las doce horas del día y los doce meses del año, así como los doce signos zodiacales, que reflejan dimensiones más allá del control humano. En la interpretación de Jung, esta carta indica un cruce entre la espiritualidad y la realidad terrenal.

El viaje hacia la autorrealización, según esta carta, no es lineal sino errático, similar al movimiento de la Rueda de la Fortuna. La experiencia del Colgado sugiere un proceso de crecimiento espiritual que implica alternancias entre introspección profunda y momentos de quietud y hasta estancamiento. Este crecimiento se asemeja al de un árbol, donde las raíces deben profundizarse antes de que broten nuevas ramas.

Esta carta también simboliza un período de asimilación y consolidación, donde las experiencias y visiones anteriores se internalizan para madurar y expandirse. El Colgado se encuentra en un estado de suspensión, donde debe equilibrar fuerzas opuestas: la aspiración celestial y la conexión con la naturaleza terrenal. Atado y restringido, enfrenta una especie de crucifixión simbólica, una pausa forzosa que desafía su comprensión previa del mundo.

Jung veía estas etapas de "crucifixión" como cruciales para el equilibrio psíquico y la evolución personal. Consideraba que las neurosis y las psicosis no eran impedimentos, sino procesos naturales para restablecer el equilibrio psíquico. Estas etapas obligan a la persona a explorar aspectos desconocidos de su psique, viéndolas más como retos que como castigos.

En la práctica psiquiátrica moderna, hay una creciente aceptación de la visión de Jung. En lugar de forzar a los pacientes a volver a sus antiguos modos de vida, se les anima a explorar su mundo interior y encontrar significado en sus experiencias caóticas: Aprender a quedarse quietos y no ver el estancamiento como algo negativo o un destino final, sino como una etapa temporal y necesaria.

Análisis Gráfico

Figura central

EL COLGADO se muestra colgando de un pie de un árbol en forma de T, lo que sugiere voluntariedad en el sacrificio o la suspensión. Su otra pierna está doblada en un ángulo que forma una cruz, y sus manos están detrás de su espalda, lo que podría indicar resignación o una forma de abrazar esta experiencia desde una perspectiva interna.

Complementos y actitud

Su expresión facial es tranquila, incluso serena, lo que implica que su situación es de naturaleza reflexiva y no de sufrimiento. La aureola alrededor de su cabeza sugiere iluminación espiritual o claridad que viene de esta posición invertida.

Entorno

El árbol del que cuelga está vivo, con hojas verdes que crecen en su parte superior, lo que indica que, aunque parece una situación de estancamiento, hay vida y crecimiento ocurriendo.

Simbolismo

La pierna que cuelga libremente mientras la otra se cruza puede simbolizar el equilibrio entre mantenerse firme en una creencia o práctica mientras se explora una nueva experiencia o idea. Esta postura forma una cruz con una pierna y un círculo con la otra, lo que puede representar la conjunción de los opuestos: el consciente y el subconsciente, lo terrenal y lo espiritual, o lo estático y lo dinámico. La cruz es un antiguo símbolo de la encrucijada y del sacrificio, mientras que el círculo representa la totalidad y la unidad.

La Muerte

La carta de la Muerte muestra un esqueleto con una bandera, simbolizando el fin de un ciclo y el inicio de otro. A su alrededor, fragmentos humanos representan ideas y acciones pasadas que han sido superadas. La carta refleja un proceso de descomposición y regeneración, donde elementos útiles del pasado se reincorporan en una nueva realidad. En muchas tradiciones, este concepto se observa en rituales de muerte y renacimiento, similares a la Sagrada Comunión en el cristianismo, donde se celebra la muerte y resurrección de Cristo.

Los brotes alrededor del esqueleto en la carta simbolizan la renovación inminente, representando aspectos intuitivos y espirituales más que físicos. Este proceso de transformación, donde lo viejo da paso a lo nuevo, es un tema recurrente en el viaje del héroe y en la psicología. Edward Edinger, en su libro "Ego y Arquetipo", explica que este proceso de desmembramiento es crucial para la asimilación consciente de contenidos inconscientes, llevando a la eventual integración y renacimiento del individuo.

Sin embargo, este cambio no es fácil. Resistimos naturalmente el cambio, incluso cuando es autoimpuesto o beneficioso. Nuestra naturaleza nos ata a lo familiar, incluso cuando ya no nos sirve. Los alquimistas y Jung entendieron este conflicto entre lo espiritual y lo natural, viendo la necesidad de superar la identificación con lo físico y enfrentar las realidades internas.

El esqueleto en la carta simboliza esta dura realidad, siendo a la vez un agente de cambio y un recordatorio de lo que perdura. Representa la estructura esencial sobre la que se construye la vida, y a la vez, lo que queda de nosotros después de la muerte. En algunas versiones del tarot, como la de Aleister Crowley, el esqueleto baila, enfatizando la naturaleza dual de la muerte como un agente de cambio constante y eterno.

La treceava carta del tarot Rider, con su esqueleto, encapsula una profunda dualidad. Este esqueleto, más que un mero conjunto de huesos, representa una paradoja existencial. Por un lado, simboliza la muerte como un gran igualador, despojando tanto al genio como al loco de sus singularidades, reduciéndolos a un común denominador de mortalidad. Por otro lado, este esqueleto se erige como un símbolo del Puro Ser, una revelación metafísica de la naturaleza esencial de la vida y del cosmos, similar al mecanismo interno de un reloj, revelando la intrincada y asombrosa naturaleza de la existencia humana.

Este esqueleto con su armadura y caballo, es imponente y universal, nada puede detenerlo. Representa lo oculto, lo enterrado en nuestro ser, al igual que los huesos se ocultan bajo la piel. Es una parte de nosotros que raramente vemos, pero que es fundamental, al igual que el inconsciente en la teoría de Jung. La resonancia de este esqueleto con el inconsciente se manifiesta en la forma en que, aunque no visible, es esencial para nuestra identidad y estructura.

A sus pies, El sumo sacerdote le ruega inútilmente antes de que se de a pasar por el par de torres que se visualizan al fondo. Es un encuentro inevitable que ninguna fe puede aplacar. Ambas torres dan la bienvenida a la ciudad eterna y dejan entrever la salida del sol, que luego, detallaremos más adelante.

La carta trece, a menudo, esquivada en su interpretación física (muchos prefieren retirarla de sus mazos antes de realizar lecturas con El tarot), nos confronta con la inevitabilidad de la muerte. Este número (13), culturalmente asociado con la mala suerte, rompe el ritmo cotidiano y nos recuerda que la muerte es una intrusión inesperada y a menudo no deseada en la vida.

Un detalle interesante es que La Muerte, se asemeja a una entidad enmascarada, reflejando la multitud de formas en que se manifiesta. Esta multiplicidad de máscaras ha sido un enigma constante para los artistas a lo largo de los tiempos. Al explorar diferentes representaciones de la Muerte, buscamos comprender su verdadero rostro, similar a la lucha de Jacob con su ángel, buscando tocar y entender a este enigmático personaje.

Históricamente, la Muerte se ha representado de diversas maneras: como un esqueleto verdoso que nos mira burlonamente, o como el cuarto jinete del Apocalipsis, un ser furioso atravesando el mundo con una espada. Estas representaciones reflejan el temor ancestral a una muerte repentina e incomprensible, especialmente antes de que la medicina moderna explicara las causas de las enfermedades mortales. La Muerte era vista como un invasor bárbaro, emergiendo de lo desconocido para diezmar poblaciones.

En el pasado, la muerte era una experiencia comunal, integrada en la vida cotidiana y los rituales religiosos. La muerte ocurría en casa y era un evento compartido, con la comunidad unida en rituales de duelo. Sin embargo, con el declive de las prácticas religiosas organizadas, estos rituales colectivos han disminuido, dejando la muerte como un fenómeno solitario y a menudo oculto.

Psicológicamente, la muerte desafía a cada persona de manera única, pidiéndonos que encontremos nuestro propio significado en su inevitabilidad. El ser humano, a diferencia de los animales, tiene la capacidad de anticipar y reflexionar sobre su muerte, integrándola en su comprensión de la vida

Nuestra relación contemporánea con la muerte contrasta con estas reflexiones más profundas. En la era moderna, tendemos a distanciarnos del misterio de la muerte, abordándola desde una perspectiva clínica y científica. Esto nos aleja del asombro y el lamento que naturalmente acompaña la contemplación de la muerte.

El concepto de muerte física a menudo nos atemoriza, pero es un hecho inevitable de la vida. La clave radica en alinear nuestra evolución espiritual con el avance inexorable de nuestro cuerpo hacia la mortalidad.

Para Jung, los sueños de personas mayores revelaban que el inconsciente no percibe la muerte como un fin definitivo, sino como una continuación de la vida. Morimos todas las noches y renacemos cada mañana. Su consejo era vivir como si fuéramos eternos, enfocándonos en lo esencial y despojándonos de lo innecesario. Este enfoque nos ayuda a evitar el estancamiento espiritual y a enfrentar la muerte con una comprensión más profunda.

El héroe de nuestra historia, experimenta un cambio irreversible tras enfrentarse con la muerte, aprendiendo una dura pero inevitable lección: todo es prestado, todo eventualmente se va. Esta experiencia lo transforma en un extranjero en su propia vida, impulsándolo a buscar una comprensión más profunda y a embarcarse en un nuevo viaje espiritual.

Análisis Gráfico de La Muerte

Figura central

La figura central es un esqueleto montado en un caballo blanco, simbolizando la Muerte. El esqueleto lleva una armadura negra, indicando que la Muerte es invencible e imparable. La armadura también puede ser vista como protección para aquello que está en transición.

Complementos y actitud

La Muerte sostiene una bandera negra con una rosa blanca de cinco pétalos en el centro, que es un símbolo de pureza y promesa de renovación. La mirada del esqueleto está fija hacia adelante, lo que sugiere una marcha inexorable hacia adelante y un enfoque inquebrantable en su tarea.

Entorno

La carta muestra varios personajes en diferentes posiciones sociales, desde un rey a un sacerdote y un plebeyo, todos igualmente sujetos a la muerte. Esto enfatiza la idea de que la muerte es una gran ecualizadora y afecta a todos por igual, sin importar el estatus o la posición.

Simbolismo

La presencia del sol naciente (o poniéndose) en el horizonte simboliza que el final de una cosa es el comienzo de otra. La muerte no es un final absoluto, sino una transición hacia una nueva etapa o estado de ser. Los personajes en la carta que están en varias etapas de aceptar su destino representan las diferentes maneras en que las personas enfrentan el cambio.

La Templanza

El Arcano 14 del Tarot, Templanza, es representado por un ángel de cabellos dorados azul y una flor en la frente, vertiendo líquido entre dos copas. Esta imagen se asocia con Acuario, el portador de agua y undécimo signo zodiacal, simbolizando la renovación y la liberación de antiguas costumbres.

El ángel de la Templanza, mezcla opuestos para crear vida. Los opuestos, como fuego y agua, requieren preparación antes de su unión. La Templanza, un árbitro alado, representa la sabiduría necesaria para este proceso. Su presencia, más allá de lo humano, ocurre en el inconsciente, fuera del alcance del ego.

Los ángeles son mensajeros celestiales y simbolizan experiencias internas que conectan con lo arquetípico e inconsciente. En la Biblia, anuncian eventos trascendentales, afectando tanto a individuos como a colectividades. La Templanza, a diferencia del dramático Ángel del Juicio, se presenta de manera no espectacular, enfocada en su tarea.

Cada ser tiene su ángel guardián, y para nuestro héroe, este ángel podría ser su guía. Se dice que los ángeles representan "ideas de Dios". Jung ve al ángel como una personificación de lo que emerge del inconsciente. El diálogo con este ángel, a través de la "imaginación activa", permite acceder a las profundidades del ser.

El Ángel de la Templanza es confiable, simbolizado por la flor en su frente, indicando conciencia y despertar. Aunque el héroe aún no está plenamente consciente de este despertar, intuitivamente siente un cambio.

Este momento marca un cambio psicológico en el héroe, señalando un flujo dinámico de libido. La confrontación previa con la muerte ha dejado al héroe desorientado, pero listo para una nueva vida. La Templanza sugiere que el flujo de la vida solo puede avanzar a través de un equilibrio natural de opuestos, más allá del control consciente.

Jung sugiere que las energías creativas de la vida encuentran su propio camino, más allá de la voluntad consciente. El héroe, al reconocer esto, confía en su ángel para guiar esta transformación, permitiendo que la vida fluya hacia adelante en su curso natural.

En el camino hacia la comprensión y armonización de opuestos, la lógica y la razón tienen limitaciones. Generaciones han intentado sin éxito unir el significado espiritual con la acción científica. Esta búsqueda de integración se ilustra en las palabras de Jung: "Yo no creo, sé". El Ángel de la Templanza del Tarot simboliza este conocimiento interior, trascendiendo creencias y opiniones.

La carta de la Templanza en el Tarot simboliza la era de Acuario en la psique humana, enfocándose en la reintegración y sanación. Jung veía la neurosis como una desconexión de la plenitud y lo sagrado. La Templanza representa esta conexión con lo numinoso, mostrando copas que simbolizan unión y curación, y el ángel como guía del héroe en su viaje.

Contrastando con otros arcanos como el Carro, donde los opuestos están juntos, en la Templanza, la guía divina es directa y más abstracta, ofreciendo una perspectiva eterna y conectando con el reino de Acuario. La energía antes experimentada como separada, ahora se revela como una corriente vital única.

El Ángel de la Templanza enseña la importancia de manejar separadamente los aspectos interiores y exteriores de la vida, evitando confusión y permitiendo una mezcla consciente de estos mundos. Este equilibrio se logra a través de ensayo y error, aprendiendo cuándo y cómo integrar estos aspectos para una vida armoniosa.

A la Templanza también se le conoce como El Alquimista, pues simboliza un proceso de transformación y purificación. En la alquimia, se creía que toda materia podía ser purificada para revelar el oro filosofal, una metáfora para el despertar espiritual y la transmutación en la psique del héroe. El Ángel de la Templanza representa esta transformación, llevando a un estado deseado a través de la mezcla y la adición, con los objetos que porta en sus manos, similar a cómo se templa el acero.

Esta transición desde la Templanza hacia las últimas cartas del Tarot no es lineal, sino que sigue un patrón espiral, representando la naturaleza impredecible y cíclica de la vida. La próxima carta, el Diablo, espera para continuar este viaje, mostrando que el camino hacia la iluminación incluye enfrentar y comprender aspectos más oscuros.

Análisis Gráfico de La templanza

Figura central

LA TEMPLANZA es representada por un ángel con alas, que se asocia con seres de equilibrio y armonía. El ángel es andrógino, lo que sugiere un equilibrio entre los géneros y los aspectos complementarios de la naturaleza.

Complementos y actitud

El ángel está vertiendo líquido de un cántaro a otro, lo que simboliza el flujo y la alquimia entre los elementos para crear algo nuevo. Esta acción también representa la importancia de la moderación y la medida en todas las cosas. En la frente del ángel aparece el símbolo del sol, indicando claridad de pensamiento y conciencia espiritual.

Entorno

El ángel tiene un pie en el agua y el otro en la tierra, lo que simboliza la conexión y la habilidad para actuar en los mundos emocional y físico respectivamente. Al fondo, hay un camino que lleva a las montañas, sugiriendo un viaje hacia metas más altas o aspiraciones.

Simbolismo

El triángulo en el pecho del ángel, encerrado en un cuadrado, representa la ley de los cuatro elementos que son llevados al reino de lo espiritual, el triángulo. También puede representar la protección y la estabilidad que la moderación aporta a nuestra vida.

El Diablo

El Diablo, un ángel que desafió el cielo y cayó. Aunque algunos relatos sugieren que renunció por sentirse infravalorado, la mayoría afirma que fue expulsado por orgullo y arrogancia. Este ser, con un encanto manipulador, orquestó una rebelión celestial, exhibiendo su envidia hacia la humanidad y su placer por la tentación, como en el caso de Eva.

La carta del Diablo en el Tarot Rider muestra una amalgama de elementos: cuernos de ciervo, pies de ave rapaz y alas de murciélago, reflejando una identidad confusa y contradictoria. Este collage simboliza su naturaleza engañosa y su habilidad para sembrar confusión.

El Diablo sostiene una antorcha encendida apuntando hacia el suelo y simboliza su propensión a la destrucción caótica y sin sentido. Esta figura se relaciona con la criminalidad desorganizada y el daño indiscriminado, actuando desde la oscuridad y más allá de la comprensión humana.

A lo largo de la historia, la imagen del Diablo ha evolucionado desde una bestia demoníaca en culturas antiguas, como la egipcia y la mesopotámica, a una figura más humanizada en la tradición judeocristiana. Esta humanización sugiere una mayor disposición a reconocer al Diablo como un aspecto oscuro inherente a nosotros mismos.

El Diablo, al igual que el murciélago, es un símbolo de la oscuridad y lo desconocido. Ambos evitan la luz, operando en la sombra y sembrando el miedo irracional y la histeria. La capacidad del Diablo para influenciar en la oscuridad representa la vulnerabilidad humana a las sugestiones negativas y el caos. Con el avance de la ciencia y la tecnología, hemos comenzado a entender y desmitificar aspectos de la naturaleza que antes parecían mágicos o amenazantes, como el sistema de radar de los murciélagos. Este progreso simboliza un esfuerzo para comprender mejor y enfrentar las fuerzas oscuras representadas por figuras como el Diablo.

La historia de la humanidad, marcada por eventos como Hiroshima, revela la sombra diabólica en nosotros mismos. A medida que avanzan las guerras, se hace evidente que compartimos rasgos con el Diablo, revelando nuestra capacidad para el mal y obligándonos a confrontar nuestras sombras internas.

Jung señala que en el hombre civilizado, las fuerzas instintivas reprimidas son más destructivas que en el hombre primitivo. La guerra entre naciones civilizadas eleva los horrores a niveles sin precedentes. La representación del Diablo como mitad hombre, mitad bestia simboliza nuestro inconsciente, un aspecto no totalmente explorado y salvaje.

El Diablo en el Tarot, , desafía el equilibrio natural, representando la parte de nosotros que teme enfrentarse a nuestra naturaleza oscura. A pesar de su apariencia aterradora, el Diablo también es Lucifer, el Portador de la Luz, un ángel caído con un mensaje divino. Su imagen recuerda a Pan, asociado con el pánico y el pandemonio, un término acuñado por Milton para describir las actividades de Lucifer.

El papel del Diablo es ambiguo; por un lado, nos tienta hacia la desobediencia, pero por otro, su influencia nos lleva a la consciencia del ego y a la posibilidad de trascenderlo. Sin la dualidad del bien y el mal, permaneceríamos en un estado de obediencia instintiva. La libertad de elección es esencial para la moralidad auténtica. La mayoría de nosotros tenemos más libre albedrío del que nos damos cuenta, y enfrentarnos a nuestros demonios internos es crucial para ser verdaderamente humanos.

Al ver el detalle de esta carta, apreciamos una pareja atada al Diablo, representando nuestra lucha con la libertad y la humanidad. Estas figuras, parcialmente humanas y animales, simbolizan nuestra inconsciencia de las fuerzas internas que nos controlan. Jung destaca que nuestra consciencia es solo una parte de nuestra existencia psicológica, con una "cola" de dudas, debilidades, y complejos detrás. Estos esclavos del Tarot representan a aquellos que, inconscientes del papel que juegan en las maquinaciones del Diablo, continúan sin crecimiento ni conflicto. Su tamaño reducido refleja energías no reconocidas ni asimiladas para el crecimiento.

La figura del Diablo se diferencia del Papa en el Tarot. Mientras el Papa bendice conscientemente, el Diablo, con su mano rígida y pezuña, simboliza un interés limitado en el poder terrenal. En lugar de un trono, el Diablo se para sobre como una gárgola esclavizante mientras su antorcha descuidada representa un uso del poder inconsciente y egocéntrico.

Se dice que una de las mayores astucias de El Diablo es convencernos de que no existe. Culturas como la Navajo y las religiones orientales incorporan el aspecto demoníaco como parte de la divinidad, reconociendo que el mal es también un aspecto de Dios. En la tradición judeocristiana, se ha relegado al Diablo a un plano inferior, olvidando su papel en el esquema divino.

Psicólogos y pensadores coinciden en que ignorar nuestro aspecto demoníaco conduce a la manifestación de violencia y confusión en el mundo. El Diablo, simbolizando lo adverso y hostil, actúa solo con la tolerancia de la Divinidad, lo que plantea un dilema sobre la omnipotencia de Dios y la existencia del mal.

Aceptar conscientemente que el Diablo forma parte del esquema divino es difícil, pero es una idea presente en nuestra cultura. La oración "No nos dejes caer en la tentación" sugiere que la tentación es una parte inherente de la divinidad.

En la historia del Edén, encontramos que Dios crea el Árbol del Conocimiento del Bien y del Mal, coloca la tentación en el jardín y luego prohíbe a Adán y Eva consumir su fruto. Esta acción introduce la posibilidad de desobediencia y caída, sugiriendo un aspecto divino que trasciende la mera bondad. La prohibición de Dios actúa como un catalizador para el ejercicio del libre albedrío y la eventual desobediencia de Adán y Eva, lo que lleva a la conciencia del bien y del mal, un paso crucial en la evolución humana.

El Libro de Job profundiza aún más en esta ambivalencia. En esta historia, Dios permite que Satán pruebe a Job, un hombre justo y devoto. A través de su sufrimiento y pérdida, Job cuestiona la justicia y la bondad de Dios, explorando la complejidad de la fe y la moralidad. Jung interpreta esta historia como una indicación de que incluso en la divinidad hay un aspecto oscuro e inconsciente, una sombra que coexiste con la luz. La figura de Dios en el Libro de Job no es meramente benevolente; también es una entidad que permite el sufrimiento y el mal como parte de su plan divino.

La idea de un Dios que abarca tanto el bien como el mal, y un Diablo que posee cualidades redentoras, es central en la psicología de Jung. Esta concepción desafía la noción dualista de un Dios completamente bueno y un Diablo enteramente malo, sugiriendo en cambio que ambos contienen aspectos del otro. En este marco, el Diablo no es simplemente el adversario; también es un agente de cambio, desafiando y provocando el crecimiento y la evolución espiritual.

Los mitos y leyendas a menudo retratan actos de desobediencia y atrevimiento como castigados por los dioses. Tanto Adán y Eva como Prometeo enfrentan consecuencias severas por sus acciones, lo que simbólicamente representa la pérdida de inocencia y la carga de la autoconciencia.

La figura de Prometeo en la mitología griega es un ejemplo emblemático de cómo los mitos reflejan la dualidad de desobediencia y castigo divino. Este personaje, conocido por su osadía de robar el fuego del Olimpo para entregarlo a la humanidad, encarna tanto la transgresión como la iluminación. Su historia es paralela a la de Adán y Eva en el sentido de que ambos representan un quiebre fundamental en la relación entre la humanidad y lo divino, marcando un antes y un después en la percepción de la consciencia y la moralidad.

Prometeo, cuyo nombre significa "el que piensa por adelantado", simboliza la anticipación, la inteligencia y la rebelión contra el orden establecido. Al robar el fuego, no solo desafía la autoridad de Zeus sino que también empodera a la humanidad, otorgándole la capacidad de crear, innovar y, en última instancia, evolucionar. Esta acción simboliza el despertar de la autoconciencia humana, un paso hacia la independencia y la autonomía.

Sin embargo, el castigo de Prometeo es severo y eterno. Encadenado a una roca en el monte Cáucaso, sufre diariamente el tormento de un águila (o buitre) que devora su hígado, el cual se regenera cada noche para continuar el ciclo de sufrimiento. Este castigo refleja la idea de un castigo sin fin por desafiar el orden cósmico establecido, una penalización por el atrevimiento de alterar el equilibrio entre lo humano y lo divino.

La historia de Prometeo representa simbólicamente la lucha de la humanidad con su propia naturaleza y destino. La adquisición del fuego, que en muchas culturas simboliza el conocimiento y la iluminación, conlleva una responsabilidad y un precio. Esta narrativa mitológica resalta la tensión entre la búsqueda del conocimiento y la inevitable confrontación con las limitaciones impuestas por un poder superior.

La relevancia de Prometeo en la psicología junguiana reside en su representación de la sombra y la luz en la experiencia humana. Así como Adán y Eva experimentaron la pérdida de su inocencia y la carga de la autoconciencia tras comer el fruto prohibido, Prometeo enfrenta un destino similar por su audacia. Ambas historias subrayan el doloroso pero necesario proceso de llegar a ser plenamente conscientes y responsables de nuestras propias acciones y su impacto en el mundo que nos rodea. En este sentido, Prometeo es un arquetipo de la lucha humana por la libertad, la creatividad y la comprensión de las profundidades y consecuencias de nuestras acciones.

La culpa y la transgresión son parte integral de la búsqueda de consciencia. Romper con las normas establecidas despierta frecuentemente sentimientos de culpa, una dinámica arraigada profundamente en el inconsciente. En el contexto social, incluso las acciones que no tienen consecuencias morales pueden ser vividas como ofensas, acompañadas de culpa.

Según Jung, esta culpa no es solo personal, sino también colectiva, reflejando la criminalidad e imperfección de la humanidad. Esta noción se alinea con la idea hindú de que la imperfección es inherente al ser humano. Aceptar nuestra imperfección alivia la presión de alcanzar la perfección, pero en nuestra cultura, fallar en alcanzarla a menudo conduce a la culpa.

El Diablo, en este contexto, actúa como un chivo expiatorio útil, llevando el peso de nuestras imperfecciones humanas: es a quien le echamos la culpa de todo cuanto acontece cuando "nos salimos de nuestros cabales". Jung interpreta la crucifixión de Cristo entre dos ladrones como una representación simbólica donde incluso los ladrones son redentores, actuando como chivos expiatorios. Esta visión refleja la complejidad y ambivalencia del Diablo, que Goethe describe en Mefistófeles como un ente que, aunque pretende hacer el mal, involuntariamente engendra el bien. El Diablo nos lleva hacia actos inconscientes, pero también puede ser un catalizador para alcanzar la consciencia. Como Lucifer, ofrece tanto salvación como destrucción, siendo siempre más astuto y multifacético de lo que podemos percibir.

En la cultura cristiana, el Diablo, a menudo caricaturizado como una versión distorsionada de Pan o Dioniso, emerge en la histeria colectiva, representando la moralidad y la inteligencia primitiva de una multitud. Jung critica la tendencia de la sociedad a premiar la mediocridad y cómo esto oprime la individualidad, creando un entorno donde el Diablo puede prosperar.

En la cultura moderna, la noción del Diablo como manipulador sigue siendo relevante. A menudo, nuestras acciones pueden ser influenciadas sutilmente por fuerzas inconscientes. Cuando estamos poseídos por este diablo (o cualquiera de nuestros demonios internos), perdemos contacto con nuestro centro, cayendo en el pecado. Esta posesión se manifiesta en la dispersión de nuestras energías y la pérdida del enfoque en nosotros mismos. El Diablo utiliza esta dispersión, retrasando nuestra conexión con nuestro centro. Jung advierte que podemos ser dominados tanto por nuestras virtudes como por nuestros vicios, y que la virtud llevada al extremo puede ser tan destructiva como cualquier vicio.

La carta del Diablo en el Tarot contrasta con la del Mago. Mientras el Mago está enfocado y coordinado, el Diablo es caótico y disperso, incapaz de armonizar sus acciones. Esta representación subraya su naturaleza infantil y su demanda de atención.

El Diablo, por tanto, no es solo una entidad malévola, sino una representación de las complejidades y contradicciones de nuestra propia naturaleza. Reconocer y aceptar esta ambivalencia es crucial para nuestro viaje en vida. En la búsqueda de este entendimiento, el humor y la perspectiva pueden ser herramientas valiosas para conectar nuestro mundo con el del Diablo, humanizando ambas partes.

Análisis Gráfico de El Diablo

Figura central

EL DIABLO es representado como una figura satírica con alas y cuernos, sentado sobre un pedestal. Su apariencia es una amalgama de varias criaturas, con la cara de una cabra y elementos que recuerdan a otras bestias, lo que lo vincula con el simbolismo bíblico y pagano de la bestia o el mal.

Complementos y actitud

En una mano, EL DIABLO sostiene una antorcha invertida, indicando la inversión de la luz y la verdad o la propagación de la ignorancia. Su gesto con la otra mano puede representar un desafío o un signo de dominación y poder.

Entorno

Dos figuras humanas, un hombre y una mujer, están encadenadas al pedestal donde se sienta EL DIABLO, pero las cadenas parecen lo suficientemente sueltas como para ser retiradas, lo que sugiere que su esclavitud es en parte autoimpuesta y pueden liberarse si así lo desean.

Simbolismo

La carta está llena de simbolismos que se refieren a la esclavitud y al materialismo, como las cadenas que atan a las figuras humanas y la antorcha que ilumina hacia abajo, simbolizando la iluminación dirigida hacia las preocupaciones terrenales más que hacia la elevación espiritual. El pentagrama invertido sobre la frente de EL DIABLO es un signo de lo profano y lo físico dominando sobre lo espiritual.

La Torre

Este arcano mayor, marcado con el número dieciséis, ilustra una torre golpeada por un rayo, un símbolo potente de cambio inesperado y de iluminación. En la carta, dos figuras humanas son lanzadas de la torre, lo que añade una dimensión adicional al simbolismo de la carta. Estas figuras, representan la súbita y forzosa expulsión de un estado de seguridad y aislamiento, una metáfora de cómo los eventos inesperados de la vida nos desplazan de nuestras zonas de confort.

La torre misma, construida como un faro, simboliza las estructuras que construimos en nuestras vidas: físicas, intelectuales, espirituales. A menudo, estas estructuras son refugios seguros, pero también pueden convertirse en prisiones que nos aíslan del mundo exterior y nos impiden crecer. En el Tarot, la torre no es demolida por completo, lo que sugiere que el cambio no siempre implica una destrucción total, sino más bien una transformación y una apertura hacia nuevas posibilidades.

El rayo que golpea la torre es una metáfora poderosa de la energía divina o del destino, que interviene para romper las construcciones rígidas de nuestra vida. Este rayo, representado a menudo como un zigzag dentado, no solo trae destrucción, sino que también lleva consigo el potencial de una nueva vida. Así, las dos figuras que caen de la torre pueden ser vistas no solo como víctimas de un desastre, sino también como seres liberados de una prisión autoimpuesta, listos para empezar de nuevo con una perspectiva renovada.

La carta de La Torre en el Tarot invoca poderosas imágenes y conexiones históricas, especialmente con la Torre de Babel, un símbolo bíblico de la ambición desmedida de la humanidad y las consecuencias de desafiar a lo divino. Esta asociación ilumina la temática de arrogancia y caída, recordándonos nuestras limitaciones y la importancia de mantener la humildad. En el pasado, las torres no solo eran estructuras físicas elevadas, sino también simbolizaban un puente entre el cielo y la tierra, sirviendo como lugares de oración y reflexión espiritual. Estas construcciones históricas contrastan con la torre en la carta del Tarot, que, en lugar de unir, parece aislar y encerrar.

La representación de la torre en el Tarot, por lo tanto, sugiere una inversión de este propósito ancestral. En lugar de ser un lugar de conexión espiritual y reflexión, la torre se convierte en una fortaleza de aislamiento y egocentrismo. Su destrucción parcial por el rayo nos lleva a reflexionar sobre la necesidad de derribar las barreras que nos separan del mundo exterior y de nuestro propio crecimiento espiritual. La expulsión de las dos figuras humanas de la torre no es solo una caída, sino también una liberación de su confinamiento autoimpuesto, un tema recurrente en la interpretación de esta carta.

Este simbolismo complejo en La Torre nos invita a considerar nuestras propias "torres" personales: las estructuras mentales, emocionales y espirituales que construimos y que, aunque inicialmente puedan servir como refugio, eventualmente pueden convertirse en prisiones que nos limitan. La carta nos desafía a reconocer cuándo nuestras propias construcciones internas nos aíslan más de lo que nos protegen, y nos anima a estar abiertos a los cambios transformadores, incluso si estos vienen en forma de eventos disruptivos o desafiantes.

La carta de La Torre en el Tarot nos recuerda la necesidad de ser flexibles y abiertos a los cambios. Nos enseña que, aunque podemos sentirnos seguros dentro de nuestras estructuras y creencias, la vida a menudo nos desafía con situaciones inesperadas que nos obligan a adaptarnos y crecer. La caída de las dos figuras simboliza este proceso de ser sacudidos de nuestras complacencias, una oportunidad para salir de nuestra zona de confort. En este sentido, La Torre no es solo una advertencia sobre la fragilidad de nuestras construcciones, sino también una promesa de renovación y esperanza al enfrentarnos a algo desconocido.

Análisis Gráfico de La Torre

Figura central

La figura central es una torre alta que está siendo golpeada por un rayo y está en llamas, lo que sugiere un evento repentino e inesperado que desestabiliza las estructuras fundamentales. La torre representa ambiciones o formas de vida que se han construido sobre bases inestables o falsas.

Complementos y actitud

El rayo, que golpea la torre, simboliza una descarga de energía o iluminación que destruye construcciones obsoletas. La corona en la parte superior de la torre cae, simbolizando la pérdida de control y el derrocamiento de estructuras de poder o creencias establecidas.

Entorno

Figuras humanas están cayendo de la torre, lo que representa el caos y la falta de seguridad que acompaña a tales cambios radicales. La dramática escena transmite una sensación de urgencia y trastorno. Una de las figuras viste una capa roja que representa las emociones, mientras la otra lleva una corona representando la razón.

Simbolismo

La destrucción de la torre simboliza el final abrupto de lo conocido y la liberación de falsas estructuras. A pesar de su apariencia alarmante, esta carta puede representar la liberación de restricciones previas y la posibilidad de un nuevo comienzo, aunque a través de medios traumáticos.

La Estrella

La carta de La Estrella simboliza un momento de desnudez esencial y autenticidad, donde las pretensiones y máscaras sociales se desvanecen. La imagen muestra a una mujer arrodillada, vertiendo agua de dos urnas rojas en un acto que une lo inconsciente y lo consciente, lo personal y lo transpersonal. Este acto simboliza un proceso de purificación y renovación, donde lo viejo se reintegra y lo nuevo emerge.

Psicológicamente, esta figura representa la introspección y el análisis de experiencias pasadas, especialmente aquellas de gran impacto emocional. Simboliza un punto de inflexión, donde se adopta una nueva perspectiva y se alcanza una comprensión más profunda de la vida.

En esta carta, el tarot entra en una dimensión donde se observan las vicisitudes de la vida desde una perspectiva más amplia y eterna. La figura central, como una sacerdotisa de la naturaleza, inicia la tarea de integrar los acontecimientos terrenales con patrones celestiales, representando un proceso de alineación con ritmos cósmicos.

La carta también presenta siete estrellas multicolores alrededor de una estrella central, simbolizando diversidad y unidad. La estrella central, con su diseño geométrico, representa un mandala o un centro estabilizador, un símbolo de plenitud que emerge durante períodos de caos.

La carta de La Estrella en el tarot Rider muestra un escenario donde un árbol verdes sobre el cual se posa un ave, simbolizan la conexión viva entre el cielo y la tierra. ¿Es acaso este árbol del cual estuvo colgado nuestro héroe en el escenario propuesto por la carta del Colgado? ¿Es acaso esta ave inocente, una superación de El Diablo que bajo una nueva luz se ve como un ave convencional y no cómo un murciélago? Simbólicamente, los árboles reflejan la interconexión e interdependencia de todo en la naturaleza, uniendo lo transpersonal y lo individual. Cada árbol, con su forma única, simboliza cómo lo universal se manifiesta de manera personal en cada individuo.

El árbol en La Estrella puede recordar al árbol del Paraíso: el Árbol de la Vida o el Árbol del Conocimiento del Bien y del Mal, representando impulsos fundamentales en la psique humana: vivir y conocer la vida.

Las dos jarras en La Estrella, casi idénticas en forma y color pero con funciones distintas, también reflejan esta idea de dualidad. Una vacía agua en el río y la otra en la tierra, representando los dos tipos de libido según Jung: la espiritual y la física, que son una misma esencia adaptada a propósitos diferentes.

Por otro lado, el nombre de la carta, "La Estrella", dirige la atención hacia el cielo, estableciendo una conexión entre los cuerpos celestiales y los acontecimientos en la tierra. Las estrellas han sido históricamente guías para navegantes y astrólogos, y simbolizan fuerzas orientadoras en nuestras vidas. El mapa estelar del cielo refleja nuestra constelación interior, vibrando con energía y ejerciendo influencia en nuestras vidas, consciente o inconscientemente.

Las estrellas también simbolizan la inmortalidad y el destino. Las leyendas antiguas nos cuentan que cada alma se convierte en una estrella al morir, y que cada persona tiene una estrella guía desde su nacimiento. Esta creencia se manifiesta en la idea de que hacer un deseo a una estrella fugaz puede hacerlo realidad, gracias a nuestra "buena estrella".

En términos de correspondencia entre el cielo y la tierra, o entre el ego y el sí-mismo en psicología, se pensaba que las almas descendían a la tierra al nacer, adquiriendo características de cada planeta. Al morir, estas características regresaban a sus planetas originales en un ciclo continuo. Este proceso refleja la idea de tomar prestados talentos y energías de las estrellas para nuestra vida terrenal, devolviéndolos al cielo al final de nuestra vida.

Antes de la astrología, se creía que las estrellas estaban íntimamente ligadas al destino humano. El descubrimiento de la previsibilidad del movimiento estelar llevó al hombre a sentir que su destino también podría estar guiado por un orden divino. Las estrellas, como pequeñas ventanas al universo, ofrecen una visión de la eternidad y un sentido de destino propio.

La Estrella del Tarot, dibujada sobre un fondo claro en lugar de una noche negra, sugiere que estos fenómenos deben entenderse simbólicamente como manifestaciones internas más que eventos naturales externos. La mujer en la carta, reflexiva y concentrada en su tarea, podría estar contemplando estas influencias celestiales como presencias internas.

El héroe, ausente en esta carta, simboliza el ego que ha perdido su rigidez y seguridad, enfrentándose a la realidad de no ser nadie en particular. La Mujer Estrella, una figura arquetípica, vive en un mundo intemporal y está más allá del tiempo humano convencional. Ella representa una parte importante de la psique, a menudo perdida cuando el ego es dominante, pero redescubierta cuando el ego se reduce.

En la psicología masculina, esta figura representa el anima o el aspecto femenino inconsciente. En mujeres, representa el aspecto oscuro y sombrío de la personalidad.

Su escala mayor que la vida sugiere una cualidad más allá de la sombra personal, más cercana al sí-mismo, el arquetipo central de nuestra constelación psíquica.

Jung señala que "religioso" significa "considerar cuidadosamente", lo que refleja la actitud meditativa de la Mujer Estrella. Su tarea podría ser iniciar al ego en las regiones más profundas y misteriosas de la psique, más allá de lo simbolizado por el león en la Fuerza o lo experimentado por el Colgado. La Mujer Estrella nos enseña cómo usar las energías emocionales de manera creativa, conectando los opuestos y uniendo los mundos físico y espiritual.

La figura central en la carta de La Estrella, simboliza una total exposición a la naturaleza y una vivencia directa y vibrante de los cuatro elementos psíquicos. Representa una nueva fase en el desarrollo del héroe, análoga a la Era de Acuario, donde se enfoca en explorar la naturaleza interior en lugar de la exterior, integrando la experiencia interna y externa.

Esta Mujer Estrella, aunque centrada en el agua y la tierra, tiene una conexión importante con la estrella y el cielo amplio, sugiriendo una integración de las cuatro funciones de la psique. Con el ego temporalmente fuera del escenario, hay una oportunidad para una conciencia pasiva de un universo en expansión. En este estado, el ego puede experimentar intuiciones y un nuevo sentido del destino, contemplando las estrellas y moviéndose hacia un nuevo centro.

La fantasía nocturna, en lugar del enfoque consciente, conecta con la sabiduría eterna de nuestra constelación interior. Solo a través de la conexión con nuestro lado natural del eros podemos establecer contacto con nuestra psique celestial. Este proceso de conectar, "fluida más que estática, contemplativa más que racional", es lo que se representa en el acto de trasvase de la Mujer Estrella.

A diferencia de la Templanza, donde un ángel mezclaba esencias para crear un nuevo ingrediente psíquico, la Mujer Estrella está separando y redistribuyendo elementos. Ella separa los elementos arquetípicos del inconsciente de los contenidos más personales, vertiendo lo arquetípico en los riachuelos colectivos de la humanidad y lo personal en la tierra seca de la realidad cotidiana.

Actuando con gracia especial y dedicación intensa, la Mujer Estrella crea un nuevo mundo a partir del agua y la tierra, similar al Creador en la "Metamorfosis" de Ovidio. Su ritmo es tranquilo y femenino, y su acción simboliza un crecimiento interior en lugar de actuaciones exteriores.

El acto de la Mujer Estrella de purificar y airear las aguas simboliza la recarga y vivificación de los cuatro elementos psíquicos. Psicológicamente, la interacción con el eros enriquece estos elementos, destacando especialmente el agua, que representa una posición intermedia entre lo volátil y lo sólido.

El trasvase de la Mujer Estrella también implica un trabajo psicológico, un acto de imaginación activa. Al igual que los alquimistas, que consideraban la imaginación como la estrella en el hombre, Jung veía la imaginación como una guía en el trabajo con el inconsciente. Este proceso de meditación activa no es pasivo ni controlador, sino una interacción creativa con el inconsciente.

La Mujer Estrella, como una Sacerdotisa de la Naturaleza, puede indicar una nueva conexión con lo trascendental en una mujer moderna. Su postura sumisa ante el cielo estrellado, sugieren un profundo sentido religioso y una conexión con el movimiento continuo del cosmos.

Análisis Gráfico de La Estrella

Figura central

La figura central es una mujer desnuda, arrodillada en la orilla de un pequeño cuerpo de agua. Su desnudez simboliza pureza y vulnerabilidad, y sugiere una conexión sin obstáculos con su entorno natural y espiritual.

Complementos y actitud

La mujer está vertiendo agua de dos jarras, una en el agua y la otra en la tierra. Esto simboliza la curación y el flujo de emociones, así como la fertilización de la tierra para promover el crecimiento y la renovación. Su actitud es una de entrega y servicio, implicando una acción desinteresada y el flujo de energía entre todos los seres vivos.

Entorno

En el fondo, hay un gran astro central, la estrella, que brilla intensamente, acompañada por otras siete estrellas, que representan los chacras o los planetas, simbolizando la iluminación espiritual y la guía celestial. La tierra en la que la mujer vierte agua es fértil y sugiere el potencial de crecimiento espiritual y material.

Simbolismo

La estrella es un símbolo de esperanza y de la promesa de buenos tiempos por venir. Representa la luz en la oscuridad, la guía que nos permite seguir adelante incluso en tiempos de incertidumbre. El árbol en la parte trasera de la tarjeta indica crecimiento y estabilidad.

La Luna

La Carta Dieciocho del Tarot revela un escenario desértico y terrorífico bajo la luz de la luna. Un cangrejo de río emerge de las sombras, mientras dos perros furiosos vigilan la entrada a dos torres a sus lados, símbolos de la Ciudad Eterna. Son estas las misma dos torres que se reconocen en la carta de la Muerte. Este paisaje simboliza un momento crítico en el viaje del héroe, donde se encuentra perdido y sin contacto humano, sumergido en un inconsciente representado por ese crustáceo que emerge del agua. Sin ayuda visible, el héroe enfrenta su momento más oscuro, un desierto inmenso sin vida, con solo dos torres avistadas en la lejanía, aludiendo a la inmortalidad.

Este escenario refleja la emergencia de nuevos contenidos del inconsciente, marcada por la duplicidad de elementos: dos perros, dos torres. El héroe debe atravesar este terreno desconocido y aterrador, una tarea que requiere gran coraje y fe. Expulsado de su mundo conocido, se encuentra en una encrucijada sin un camino claro, entre dos mundos, abandonado a su destino animal.

Este viaje se asemeja al de Abraham, quien tuvo que dejar su hogar guiado por la fe. El héroe, sin embargo, no cuenta con la guía divina. Su esperanza reside en un arcoíris alrededor de la luna, un símbolo de esperanza. En este momento de terror, el héroe debe sobrevivir al monstruo del inconsciente que amenaza con devorar su consciencia, simbolizado por el cangrejo. La luna, como figura materna devoradora, parece succionar la energía vital del héroe.

Este enfrentamiento con los elementos oscuros y regresivos, personificados en la Diosa Luna, los perros, y el crustáceo, representa un punto crucial. La Luna, en su dualidad, puede ser tanto bruja como fuente de locura, comparable a figuras mitológicas como Circe y Medusa. Este momento puede significar una muerte espiritual o un renacimiento, encontrando el tesoro dorado en el mayor terror.

Los perros, como guardianes del inframundo, tienen un rol vital. En varias mitologías, como la védica y la griega, perros similares custodian las entradas al más allá. El héroe debe conciliar con su lado instintivo, representado por estos animales, para avanzar en su búsqueda. La confrontación con estos aspectos instintivos es fundamental para la transformación y el crecimiento hacia la individuación.

El viaje del héroe en el Tarot hacia la Ciudad Eterna implica una atracción hacia el encanto lunar y una eventual simpatía hacia los perros, que, como él, están atrapados bajo el hechizo de la Diosa de la Noche. Este viaje hacia las profundidades simboliza la pérdida de la orientación diurna y la necesidad de confiar en la sabiduría instintiva, representada por los perros, amigos del hombre. Este conocimiento instintivo es clave para la salvación y el avance hacia la consciencia superior.

En el Tarot, el héroe contempla al cangrejo de río con nuevos ojos, viéndolo como una criatura que, al igual que él, busca la redención y salida de su situación actual. Sin embargo, el cangrejo, limitado por su armadura y el peso de la historia, simboliza la resistencia al cambio y la estabilidad inherente a la vida. A través de su observación, el héroe se siente conectado con la esencia indestructible del cangrejo, un vínculo que le une a la inmortalidad y a la sabiduría ancestral.

Este crustáceo, lejos de ser un obstáculo, se convierte en un símbolo de apoyo y fe, iluminando la misión sagrada del héroe. Su viaje se transforma en un acto de completar la evolución humana, parte de una creación inacabada. El cangrejo, al igual que otras criaturas de sangre fría como el escarabajo egipcio, representa la inmortalidad y es adorado como divino.

El héroe, fortalecido por esta epifanía, ve su camino de manera diferente. La oscura luna, que reúne los recuerdos y sueños de la humanidad, ya no es temida, sino vista como una fuente de renacimiento y esperanza. El héroe, preparado para el salto hacia lo desconocido, es guiado por la sabiduría del cangrejo.

Pero también, es esencial relacionar esta luna con las cartas del Emperador y la Fuerza. El Emperador simboliza la civilización y el orden lógico impuesto a la naturaleza, mientras que la Fuerza representa una interacción más individual y femenina con ella. La Luna, en contraste, personifica la propia Naturaleza, un orden distinto y más intuitivo que el rígido esquema masculino del pensamiento consciente. La iluminación tenue de la luna desvela realidades ocultas, disolviendo las clasificaciones humanas y revelando una experiencia más profunda de la realidad y de nosotros mismos.

La carta de la Fuerza, situada entre el Emperador y la Luna, simboliza esta idea, mostrando que la verdadera conexión con la naturaleza requiere un enfoque suave y compasivo. La imagen de la Tierra vista desde el espacio refleja este mensaje, invitándonos a reconectar con los valores que la Luna ha preservado.

La Luna, con su luz cambiante y fría, contrasta con el sol brillante y cálido, permitiéndonos ver lo desconocido. En su luz, los objetos cotidianos pueden transformarse en figuras místicas, como el cangrejo que ahora brilla bajo su luz. Esta transformación inicialmente inquieta, pero pronto se convierte en asombro. La Luna siempre ha mantenido un misterio, ocultando una cara a la tierra, resistiéndose a la comprensión intelectual humana.

El Loco, colocado encima de la Luna en el Tarot, simboliza la exploración de lo desconocido y la aceptación de la ambigüedad. Representa la conexión con los aspectos salvajes y misteriosos de la vida, mostrando que el verdadero conocimiento surge de la integración de todas las experiencias, desde lo racional hasta lo irracional. En este viaje, el Loco y su perro aprenden de la Luna y de los perros aulladores, simbolizando la unión de los opuestos y la aceptación de la complejidad de la vida.

Análisis Gráfico de La Luna

Figura central

La figura central es una luna grande y llena, con una cara que mira hacia abajo, iluminando con una luz tenue y revelando parcialmente lo que normalmente está oculto en la oscuridad. La luna está asociada con la noche y la intuición, así como con los ciclos y los cambios constantes.

Complementos y actitud

La luna está parcialmente cubierta por dos torres en el fondo, que pueden simbolizar las estructuras establecidas o el paso de lo conocido a lo desconocido. En el primer plano, un perro y un lobo están aullando a la luna, representando los aspectos domesticados y salvajes de nuestra naturaleza.

Entorno

Entre los dos caninos, hay un crustáceo saliendo del agua, que puede simbolizar el nacimiento de las ideas del subconsciente hacia la conciencia. El camino que fluye entre las torres sugiere un viaje a través del subconsciente o un camino hacia lo desconocido.

Simbolismo

La luna en sí misma es un símbolo de lo subconsciente y lo oculto, y las gotas que caen del cielo pueden representar la lluvia de la gracia o las influencias sutiles en nuestra psique. Los perros y el crustáceo resaltan la conexión entre nuestros instintos primarios y nuestra evolución espiritual.

El Sol

El Sol en el Tarot Rider emerge radiante, disipando la oscuridad de la carta de la Luna. Se alejan las sombras de la depresión, el cangrejo amenazante y los canes lúgubres, dando paso a una luminosidad que bendice a dos niños en juego. Este Sol, con rostro humano amable, evoca la "comprensión dorada" de los manuscritos alquímicos, ofreciendo una conexión consciente con lo humano, como reflejan los niños en armonía.

Esta carta marca el tránsito de la compleja oscuridad lunar a un mundo infantil y solar, un lugar de juego inocente donde se redescubre la espontaneidad y la armonía interna. Este encanto interno, simbolizado por el Sol, no es un reino lejano sino una nueva forma de vivir el mundo conocido. Se accede a él no por la vía intelectual, sino a través del juego imaginativo. El Tarot nos recuerda que, al amanecer este sol interior, ilumina la realidad externa de un modo inédito.

Los niños en la carta representan lo no desarrollado, lo natural, cercano a lo inconsciente. En la carta, los niños juegan libres y en armonía, sin miedo al rechazo, en contraposición a las figuras más oscuras de otras cartas. Ellos representan la pureza y la inocencia, reflejando el arquetipo del sí-mismo, la fuerza central de la psique. A medida que crecemos, nos alejamos de esta naturaleza inconsciente, un proceso necesario en el desarrollo del ego. El Sol simboliza el reencuentro con esta parte perdida, ofreciendo una experiencia de iluminación y trascendencia.

En su exploración de los arquetipos, Carl Jung se refiere al "Niño Eterno" como un principio vital que abarca tanto el inicio como el fin. Esta figura simboliza la inocencia de la infancia y la sabiduría de la vejez, encapsulando la totalidad de la psique.

En el Tarot Rider, el arquetipo del "niño eterno" se manifiesta en la carta del Sol, simbolizando tanto una regresión a la dependencia infantil como la integración madura del ego con el sí-mismo. Este niño galopa obre un Caballo blanco tal y como lo hacía La Muerte en el Arcano número 13 y juega con una capa roja lo que indica el éxtasis y felicidad total. El niño denudo es la representación de la vida que apenas comienza, opuesto total a lo que el esqueleto en armadura reflejaba anteriormente.

Esta carta culmina el viaje del héroe hacia la experiencia directa y el conocimiento puro, alejándose de las opiniones estériles y los dogmas formales.

La carta del Sol en el Tarot también aborda la relación entre cuerpo y alma, representados como iguales. Este equilibrio es el resultado de un largo proceso de desarrollo psicológico, desde la infancia hasta la madurez, donde el espíritu se identifica primero y luego se separa del cuerpo, para finalmente reintegrarse de manera consciente.

La carta del Sol, aunque es un símbolo de iluminación espiritual, pone énfasis en la encarnación física y en la necesidad de reconciliar cuerpo y espíritu. Los rayos multicolores del Sol en la carta, junto con las líneas negras, representan la unión de todas las fuerzas opuestas, creando una energía pura y simbolizando la totalidad de la deidad que contiene tanto lo masculino como lo femenino. Esta representación refleja la complejidad y la dualidad inherente en la naturaleza humana y en la divinidad.

El sol, vital para la vida en la Tierra, es una fuente directa e indirecta de energía, siendo también responsable del viento a través del calentamiento de la superficie terrestre. Su luz, constante y plena, difiere del parpadeo estelar y la cambiante cara lunar, y su presencia constante simboliza el centro alrededor del cual orbita nuestro sistema planetario.

En la psicología de Jung y en el simbolismo del Tarot Rider, el sol representa más que una mera fuente de luz y calor; es un símbolo poderoso del sí-mismo, el núcleo de nuestro universo interior. Varias culturas han venerado al sol como una deidad suprema, asignándole cualidades tanto masculinas como femeninas, dependiendo de su enfoque patriarcal o matriarcal. Jung resalta cómo algunas culturas, como los indios Pueblo, consideran su relación con el sol como una responsabilidad divina y creen que su adoración matutina es esencial para el ascenso diario del sol.

En la civilización judeocristiana, sin embargo, el contacto con esta vida simbólica se ha debilitado, siendo raramente reconocido como deidad de vida. A pesar de la pérdida de estas conexiones simbólicas en la vida moderna, el amanecer sigue siendo un momento de asombro y promesa para muchos, simbolizando un nuevo comienzo y renovando la fe en un universo ordenado.

Aunque el sol es un símbolo omnipresente, en el Tarot, aparece tardíamente en la serie, posiblemente indicando que se necesita una base psíquica preparada, para recibir plenamente su iluminación. Esta demora en la aparición del sol simboliza la idea de que el reconocimiento de la propia iluminación es un proceso de toda la vida.

El Sol, representado por el número diecinueve que se reduce a uno ($1 + 9 = 10$, $1 + 0 = 1$. Según la numerología), marca el final de una fase de desarrollo y el comienzo de otra. Como otras cartas significativas, anuncia un nuevo estadio de iluminación y renacimiento. Las cartas anteriores, la Estrella y la Luna, simbolizan un período de oscuridad y depresión, mientras que el Sol representa el resurgimiento hacia la luz y el conocimiento.

Análisis Gráfico de El Sol

Figura central

La figura central es un niño desnudo montando un caballo blanco, lo que representa la pureza, la inocencia y la alegría sin restricciones. El niño está en una postura de abandono despreocupado, con los brazos abiertos, simbolizando la aceptación y la apertura al mundo que lo rodea.

Complementos y actitud

El niño lleva una guirnalda de flores en la cabeza, lo que puede significar éxito y la conclusión satisfactoria de un esfuerzo. El caballo blanco es un símbolo tradicional de fuerza y nobleza, y su color representa pureza y espiritualidad.

Entorno

Detrás del niño, hay un gran sol radiante, que ilumina todo el paisaje y simboliza la energía vital, la claridad y la iluminación. El sol tiene una cara, lo que personifica la fuente de vida y la presencia consciente en todo lo que hace.

Simbolismo

Los girasoles en el fondo están en plena floración y se inclinan hacia el sol, lo que representa la conexión con esta fuente de vida y calidez. Los girasoles también simbolizan la lealtad y la admiración, así como la búsqueda de la luz y la verdad.

El Juicio (Final)

"No todos dormiremos, pero todos seremos transformados en un instante, en un abrir y cerrar de ojos, al último toque de la trompeta. La trompeta sonará y los muertos resucitarán incorruptos y seremos transformados. Pues es necesario que esta naturaleza perecedera se vista de incorrupción y esta naturaleza mortal se vista de inmortalidad." - Corintios 15:51

En la vigésima carta del Tarot Rider, un ángel majestuoso con trompeta dorada y una bandera con cruz de oro simboliza una llamada divina, marcando un contraste con tres figuras humanas desnudas, una emergiendo de una tumba. Este simbolismo se vincula con el Juicio Final, donde los justos son convocados a una nueva vida, no en el cielo, sino en la tierra, señalando un despertar a una dimensión desconocida de conocimiento.

Esta carta ilustra la resurrección espiritual, con la figura central reconociendo conscientemente la llamada divina. A diferencia de otras cartas como El Enamorado o La Torre, donde la influencia es indirecta, en El Juicio, la conexión con lo divino es directa y palpable. El ángel, con su imponente presencia y la trompeta sonora, simboliza una comunicación más inmediata y transformadora que la luz, similar a cómo un sonido en sueños puede ser más impactante que una imagen.

El papel del sonido como elemento creativo, particularmente en la forma de la palabra hablada, es central en las narrativas de la creación tanto en el Génesis como en el Evangelio de Juan, simbolizando una fuerza primordial y transformadora.

En el Génesis, la primera referencia a la palabra como un acto de creación se encuentra en "Y dijo Dios: 'Haya luz'; y hubo luz" (Génesis 1:3). Aquí, la palabra hablada de Dios es directamente responsable de la creación, un acto que trae orden y realidad de la nada. Este patrón se repite a lo largo del relato del Génesis, donde cada acto de la creación es precedido por "Y dijo Dios". Esta narrativa establece la palabra como un medio a través del cual se manifiesta la voluntad divina, subrayando su poder para influir y transformar la realidad.

En el Evangelio de Juan, el concepto de la palabra se eleva a una dimensión aún más profunda y teológica.

Comienza con "En el principio era el Verbo, y el Verbo estaba con Dios, y el Verbo era Dios" (Juan 1:1). Aquí, el 'Verbo' (o 'Logos' en griego) se presenta no solo como una manifestación de la acción divina, sino también como una entidad que existe en comunión íntima con Dios, e incluso como una expresión de la divinidad misma. Esta conceptualización del Verbo vincula la idea de la palabra y la creación con la naturaleza misma de Dios, sugiriendo que la comunicación y la creación son aspectos intrínsecos de la divinidad.

Relacionando estos conceptos con la carta de El Juicio en el Tarot Rider, el sonido de la trompeta tocada por el ángel representa algo más que una simple llamada o aviso. Es una manifestación de un poder creativo y transformador similar al de la palabra en las narrativas bíblicas. En este contexto, el sonido de la trompeta no solo convoca a un despertar o renacimiento, sino que también resuena a través del entorno, provocando cambios y reacciones. Esta vibración puede ser interpretada como una metáfora del poder de la palabra y del sonido para influir en la realidad, induciendo un estado de conciencia elevado o incluso un renacimiento espiritual.

La carta muestra un hombre y una mujer acogiendo a quien emerge de la tumba, simbolizando un renacimiento y la reunificación de una trinidad terrestre, con el ángel completando el cuarteto y uniendo cielo y tierra. Este motivo de descenso y resurrección es común en diversas tradiciones y culturas, simbolizando la muerte y renacimiento espiritual.

El protagonista, antes caído y ahora renacido, simboliza una transformación profunda. Este renacimiento no solo afecta al individuo sino también a quienes lo rodean, indicando un cambio en todo su entorno. La vitalidad del resucitado es un signo de renovación física y espiritual.

La carta también invita a reflexionar sobre las cuatro funciones de la psique según Jung: sensación, intuición, pensamiento y sentimiento. Se sugiere que el protagonista se ha identificado con su función superior, probablemente el pensamiento, indicando un despertar de la conciencia y el ego a una nueva realidad. Jung señala que cada función tiene su opuesto y que la dominancia de una puede llevar a la atrofia de las otras, ilustrando la compleja dinámica de nuestra psique. El Juicio, por tanto, representa un punto crucial de autoconocimiento y transformación espiritual.

En nuestra sociedad, solemos valorar mucho el pensamiento lógico y a menudo descuidamos nuestras emociones. Esto significa que muchas personas se concentran demasiado en pensar y razonar, mientras que otras partes importantes de su personalidad, como sus sentimientos, no se desarrollan tanto. Desde pequeños, a menudo nos alientan a ser buenos en la escuela y a pensar de manera lógica, lo que puede llevarnos a trabajos que requieren mucho uso del cerebro, pero poco del corazón.

Por ejemplo, alguien puede ser un gran profesor o científico, capaz de resolver problemas complicados, pero tal vez no sea tan bueno recordando cosas importantes para sus seres queridos, como los cumpleaños. Si esta persona tiene éxito en su carrera, puede seguir enfocándose solo en el pensamiento lógico durante toda su vida. Esto está bien hasta cierto punto, pero puede causar problemas en las relaciones personales y en la comprensión de sus propios sentimientos.

A veces, algo grande y sorprendente sucede en la vida que sacude todo este enfoque en el pensamiento lógico. Podría ser perder un trabajo, un cambio repentino en una relación personal, o enamorarse de manera inesperada. Estos eventos pueden hacer que la persona se sienta perdida y confundida, pero también pueden ser una oportunidad para crecer y aprender a valorar otras partes de sí misma, como sus emociones y sentimientos. Esta carta, El Juicio, simboliza esta idea.

Además, al apreciar más detalladamente su ilustración, podemos ver que una figura emerge de una tumba, lo que representa una especie de renacimiento. Esto puede verse como una metáfora de alguien que aprende a equilibrar su pensamiento lógico con otras partes de su personalidad, como sus emociones. La redención y liberación de estas funciones conllevan un costo, pero también llevan a un mayor conocimiento y responsabilidad. En el contexto de El Juicio, la liberación del protagonista implica no solo su renacimiento, sino también la aceptación de nuevas responsabilidades y un cambio en su comprensión y enfoque de la vida.

Es momento de aceptar la sentencia y seguir sus nuevas reglas e imposiciones.

Análisis Gráfico de El Juicio

Figura central

La figura central es un ángel, a menudo interpretado como el Arcángel Gabriel, quien toca una trompeta dorada. Gabriel es conocido como el mensajero divino en las tradiciones religiosas, y su trompeta simboliza la llamada al despertar, la comprensión y el juicio.

Complementos y actitud

De la trompeta cuelgan una bandera blanca con una cruz roja, un símbolo de resurrección y vida nueva. La expresión del ángel es solemne y autoritativa, enfatizando la importancia del momento que representa la carta.

Entorno

Debajo del ángel, hay personas levantándose de lo que parecen ser tumbas, con los brazos extendidos hacia arriba, lo que sugiere la receptividad y la disposición a ser juzgados o a entrar en un nuevo estado de ser. Este acto de levantarse simboliza la iluminación, la renovación y la liberación.

Simbolismo

Las nubes grises alrededor del ángel representan lo desconocido y lo celestial. El hecho de que las figuras estén emergiendo de tumbas indica un renacimiento espiritual y la liberación de antiguas formas.

El Mundo

En la última carta de los Arcanos Mayores del tarot, "El Mundo", observamos a un bailarín andrógino, integrando lo masculino y lo femenino, situado en una corona de ramas vivas, acompañado por un león, un buey, un águila y una figura angélica.

El bailarín, portando dos varas simbolizando energías opuestas, encarna el equilibrio dinámico de estas fuerzas. La guirnalda que lo enmarca representa la integración de los aspectos conscientes e inconscientes de la naturaleza, formando un mundo cohesivo. Este entorno es un espacio sagrado de libertad y expresión, alineándose con la noción junguiana del sí-mismo como centro de la totalidad psíquica.

A pesar de su desnudez, el bailarín mantiene oculto su sexo, lo que simboliza la naturaleza sagrada y secreta de la creatividad en el núcleo de la vida. Este acto resalta la importancia de la modestia y el respeto por el sí-mismo. La guirnalda que lo rodea actúa como una protección para el sí-mismo, manteniendo su integridad y evitando la disipación de energía.

En términos alquímicos, la unión de lo consciente e inconsciente en el bailarín representa el estado final de "fijación", una totalidad incorruptible. La forma elíptica de la guirnalda evoca la interacción de los opuestos celestiales y terrenales, simbolizando un potencial de desarrollo futuro.

El bailarín en "El Mundo" se presenta como una danza, un arte sagrado que armoniza el espacio y el tiempo, conectando con la naturaleza y lo divino. Esta danza representa la creación misma y la interconexión de todas las cosas. En esta carta, la danza simboliza el fluir constante de la vida, donde el bailarín y la danza son indistinguibles, reflejando la unidad del ser con el universo.

A lo largo del tarot, la danza ha sido un símbolo recurrente, desde la despreocupada danza del Loco hasta la alegórica danza de la Muerte. Cada una representa diferentes aspectos del viaje de la vida, culminando en "El Mundo", donde la danza se convierte en una expresión de equilibrio, integración y conexión con el todo.

Este bailarín simboliza la autenticidad y el vivir en el presente, sin estar atado por el pasado o el futuro; y no está limitado por alegorías como las cartas de La Fuerza, La Muerte o La Templanza, sino que las integra todas, mostrando una libertad de movimiento y una conexión con la realidad que es firme y consciente.

Bajo la perspectiva Junguiana, podemos ver en este bailarín la experiencia del sí-mismo, un sentimiento de estar anclado en una eternidad interior, inalterable incluso por la muerte. Este encuentro con el sí-mismo trae cambios profundos, llevando a una recreación del ser. Jung enfatiza que este estado de ser consciente de uno mismo y su indestructibilidad permite a una persona mantener su identidad en todas las circunstancias de la vida.

Jung describe la conciencia ampliada que surge de esta experiencia como una que se relaciona con el mundo de manera que lleva al individuo hacia lo absoluto, conectándolo indisolublemente con el mundo. Las preocupaciones ya no son puramente egoístas, sino que también abarcan problemas colectivos.

La carta del Mundo representa simbólicamente la totalidad de la creación, incluyendo la tierra, plantas, animales, aves, hombres y ángeles. La figura central, un andrógino, trasciende la humanidad ordinaria, representando un estado de ser más allá de las cuatro dimensiones de la realidad ordinaria, pero expresado en términos humanos como un individuo único.

Las cuatro figuras en las esquinas de la carta representan una mayor conciencia de los problemas colectivos, como describe Jung. El bailarín, moviéndose libremente y no atado a dogmas, simboliza la espontaneidad y la estabilidad, manteniendo el contacto con la realidad mientras responde de manera armónica a los cambios.

El sí-mismo puede manifestarse de diversas formas, como una flor, una piedra, un árbol, un niño, un dibujo abstracto, un rey o un dios. En el tarot, la Ciudad Celestial del Apocalipsis se muestra como la meta última de la vida eterna y la luz, simbolizada en la carta del Mundo como una ciudad revelada por la unión de los gemelos alquímicos del Sol.

Jung subraya la importancia del individuo como portador de conciencia, enfatizando que es el individuo quien hace historia y es a través de él que el dios interior se manifiesta. En las Escrituras, Cristo representa esta dualidad como Hijo de Dios e Hijo del Hombre, ilustrando que el dios interior solo se manifiesta a través de la vida de seres individuales.

En la carta "El Mundo" del tarot Rider, los símbolos de los cuatro seres en las esquinas representan elementos y signos zodiacales fundamentales. El león simboliza el fuego, Leo, la creación y la resurrección, y se asocia con San Marcos. El ángel representa el aire, Acuario, y simboliza la búsqueda de la verdad y la fraternidad universal, enlazado a San Mateo. El águila, representando el agua y Escorpio, simboliza el poder emocional y la regeneración, y está vinculada a San Juan. Estos cuatro seres vigilan la danza de la vida y forman un rectángulo que encierra la mandorla, simbolizando la unión de los cielos y la tierra.

EL Mundo, representa la culminación del viaje arquetípico de El Loco, simbolizando la realización, la integración y la comprensión plena. A lo largo de los Arcanos Mayores, El Loco atraviesa diversas etapas de crecimiento, enfrentamiento, y descubrimiento. Cada carta refleja una faceta diferente de su viaje hacia la autocomprensión y el despertar espiritual.

El viaje comienza con El Loco, representando la inocencia, la curiosidad y el potencial ilimitado. A medida que avanza a través de los Arcanos Mayores, El Loco se encuentra con lecciones de poder y control (El Mago, La Emperatriz, El Emperador), espiritualidad y conciencia (El Papa, La Suma Sacerdotisa), amor y moralidad (Los Enamorados, La Justicia), así como con desafíos y transformaciones (La Torre, La Muerte). Cada una de estas etapas lleva al Loco a un mayor entendimiento de sí mismo y del mundo que le rodea.

En "El Mundo", El Loco alcanza un estado de totalidad y satisfacción. Esta carta simboliza el éxito, la realización y la unificación de los opuestos. El Loco ha integrado todas sus experiencias, lecciones y desafíos, logrando un equilibrio entre el mundo material y el espiritual. El Mundo representa el logro del autoconocimiento y la armonía interior, marcando el fin de un ciclo y el comienzo de otro.

En este punto, El Loco ha aprendido a vivir en el presente, aceptando y abrazando todas las facetas de la vida. Ha encontrado su lugar en el universo, comprendiendo su conexión con el todo. "El Mundo" simboliza una conciencia expandida donde El Loco, ahora transformado y enriquecido por sus experiencias, está listo para comenzar un nuevo ciclo de vida con una comprensión más profunda de su propósito y lugar en el cosmos.

Así pues, "El Mundo" es el triunfo final de El Loco, su conquista máxima, un símbolo de completitud, de haber abrazado completamente el viaje de la vida, con todas sus alegrías, desafíos y enseñanzas, alcanzando una plenitud y una comprensión integrada de su ser y su lugar en el universo.

Análisis Gráfico de El Mundo

Figura central

La figura central es una mujer desnuda que baila dentro de una guirnalda ovalada, lo que representa el éxito y la totalidad. La mujer, que puede ser interpretada como una figura andrógina, simboliza la integración y la armonía de los opuestos.

Complementos y actitud

Sostiene dos varitas o bastones, uno en cada mano, similares a los que lleva EL MAGO, lo que indica que ha aprendido a manejar las fuerzas materiales y espirituales y puede utilizar estas energías de manera equilibrada y productiva. Su postura de baile y la cinta que la envuelve sugieren dinamismo y flujo continuo.

Entorno

La guirnalda que la rodea está atada con cintas rojas en la parte superior e inferior, y simboliza la victoria y la eternidad. También representa el mundo material y los ciclos de la vida.

Simbolismo

En cada una de las esquinas de la carta, hay figuras que representan los cuatro evangelistas del Nuevo Testamento o los cuatro signos fijos del zodíaco: un ángel o humano (Acuario), un águila (Escorpio), un león (Leo) y un toro (Tauro). Estas figuras simbolizan la sabiduría, la fuerza, la valentía y la paciencia requeridas para alcanzar la comprensión y el éxito.

Símbolos Comunes

Si has prestado atención a los elementos gráficos de nuestro Tarot, te habrás dado cuenta de que muchos símbolos se repiten a lo largo de la travesía de nuestro héroe. Ninguno de ellos está allí por azar, reconozcámoslos con atención:

Los elementos simbólicos en el Tarot Rider-Waite poseen profundas conexiones con la espiritualidad, la psicología y la tradición mística. Aquí exploraremos los primeros tres elementos y su simbolismo esotérico, evitando interpretaciones superficiales:

1. Elementos Naturales:

- **Agua:** La presencia del agua como un elemento natural puede verse en cartas como El Loco (el río abajo del precipicio), La Estrella (vertiendo agua), y La Templanza (mezclando agua). En el Tarot, el agua simboliza la intuición, el flujo emocional, y el inconsciente. Es un elemento asociado con la capacidad de adaptación y profundidad emocional. En La Estrella, el acto de verter agua representa la purificación y el flujo de la vida espiritual desde el recipiente (la conciencia) al vasto océano del subconsciente. En La Templanza, la mezcla de agua simboliza la alquimia interna y el proceso de encontrar equilibrio emocional.

- Montañas: Las montañas, que aparecen en cartas como El Ermitaño y La Luna, representan desafíos, logros y aislamiento espiritual. Son símbolos de altas aspiraciones y la capacidad de elevarse por encima de lo mundano para ganar una perspectiva iluminada. En El Ermitaño, la montaña refleja la búsqueda personal de verdad en las alturas de la comprensión espiritual. En La Luna, las montañas al fondo indican los desafíos psicológicos y espirituales que aún deben ser superados.

- Cielo: El cielo es un escenario frecuente, visible en cartas como El Sol, donde representa la conciencia clara y la revelación. Es un símbolo de expansión y potencial ilimitado. En El Sol, el cielo claro es un augurio de iluminación y verdad revelada, una promesa de optimismo y claridad tras la oscuridad.

2. Presencia de Animales:

- Los animales a menudo acompañan a las figuras humanas en el Tarot, actuando como símbolos de nuestras naturalezas instintivas y aspectos de nuestro carácter que pueden ser domesticados o que necesitan ser liberados. Por ejemplo, los perros en La Luna pueden representar los aspectos domesticados y salvajes de la psique humana, el león en La Fuerza simboliza la pasión y la energía que deben ser guiadas con gentileza y firmeza, y el lobo junto al Ermitaño evoca la sabiduría de la soledad y la independencia.

4. Coronas y Adornos en la Cabeza:

Las coronas que llevan no son solo signos de autoridad terrenal, sino también de la soberanía personal y la responsabilidad que cada uno tiene sobre su propia vida. Nos hablan del poder de regir nuestros propios mundos con consciencia y cuidado.

La tiara simboliza la conexión con lo divino y la estructura de creencias que uno elige seguir. Esta figura nos invita a reflexionar sobre las estructuras que damos por sentadas y a encontrar nuestra propia conexión con el cosmos.

El ángel de la Templanza lleva una flor que nos habla de la iluminación alcanzada no a través de la ascensión a un plano superior, sino a través de la mezcla y equilibrio de los opuestos en la vida cotidiana. EL niño que cabalga en EL Sol, lleva también un adorno floral.

5. Torres y Columnas:

La Torre en el Arcano 16 es golpeada por un rayo y está en el proceso de ser destruida. En lugar de ver la torre simplemente como una señal de calamidad, en el esoterismo, este símbolo se interpreta como una invitación a la deconstrucción de las estructuras del ego y las creencias obsoletas. La torre representa construcciones mentales que hemos edificado y que tal vez nos han servido en un momento, pero que ahora deben ser demolidas para permitir un nuevo crecimiento. Por otro lado, aparecen dos torres flanqueando el camino hacia el horizonte en la carta de la muerte y la luna. Estas torres pueden simbolizar puertas de entrada, marcando el paso de lo seguro y conocido a lo misterioso y oculto.

Por otro lado, las columnas, presente en arcanos como la sacerdotisa y el sumo sacerdote, representan pilares metafóricos sobre los que se construye o se destruye la comprensión del mundo. Estas estructuras nos invitan a considerar cómo construimos nuestras realidades internas y cómo esas construcciones afectan nuestra navegación por el camino de la vida. Nos recuerdan que aunque algunas estructuras parecen permanentes, también están sujetas a las leyes del cambio y la transformación, y que debemos estar listos para reconstruir cuando sea necesario.

Nuestro Viaje Arquetípico

En nuestra representación del viaje del Tarot, cada última carta de las tres filas horizontales muestra un momento crucial en la aventura del héroe. Además, las tres cartas de la columna vertical se relacionan entre sí y con las demás. En la parte superior de esta columna está El Carro, donde vemos no a una persona desnuda, sino a un rey en todo su esplendor. Este rey está de pie, separado de sus instintos naturales (simbolizados por un grupo de caballos) y confinado en un espacio pequeño y rectángulo. Aunque está protegido, está aislado de una verdadera iluminación.

El viaje de nuestro héroe, que en este punto parece enfocado en sí mismo, incluye humillaciones representadas en cartas como El Colgado y La Muerte. Pero en La Templanza, ubicada justo debajo de El Carro, todo lo que estaba desordenado y estancado se reúne armoniosamente en la figura de un ángel que mezcla líquidos de un recipiente a otro. Aquí, el héroe comienza a enfocarse en su crecimiento interno. Este cambio es guiado por un ángel, un símbolo de un proceso profundo e inconsciente. Antes de reconocer lo divino dentro de sí, el héroe debe enfrentar la depresión y la oscuridad, como se ve en La Luna.

La fila inferior del mapa simboliza distintos niveles de iluminación, desde la confusión hasta la claridad total. Aquí, el héroe emerge en un mundo nuevo, que refleja todo lo experimentado hasta ahora. Aunque El Mundo, la última carta, es la número veintiuno, no es el fin del viaje debido a El Loco, la carta número cero. El Loco, que nos introdujo al viaje, aparece ocasionalmente, desafiando o apoyando al héroe.

Vemos que El Loco está presente en momentos importantes, como un observador invisible. Por ejemplo, en representaciones del nacimiento de Jesús, a menudo hay un loco, mostrando admiración. De manera interesante, este momento de iluminación no ocurre en un lugar elevado, sino en un pesebre, con el perro del Loco también presente. Esto sugiere que aceptar todos los aspectos de uno mismo es clave para la iluminación.

El Loco no se queda quieto mucho tiempo. Al igual que el Tarot muestra, la vida es movimiento y cambio; la paz no es evitar la tormenta, sino mantenerse equilibrado en su centro. Por lo tanto, El Mundo no es el final del viaje, sino un punto de inspiración para comenzar de nuevo. Jung lo resume así: la redención total es una ilusión; lo que importa es el proceso y la obra hacia el objetivo, eso es la vida.

Parte III - Cómo Leer El Tarot

Lectura de una sola carta

Las lecturas de una sola carta son ideales para quienes están empezando y desean adquirir experiencia básica. Sin embargo, no son adecuadas para preguntas muy específicas. Es mejor utilizarlas para consultas generales o abiertas. Esta es una buena idea: prepara una lista de preguntas y realiza varias tiradas de una sola carta seguidas.

Baraja las cartas de manera adecuada y corta la baraja de la forma que te parezca mejor. Cuando estés listo, formula tu pregunta en voz alta a las cartas con determinación. O si te sientes incómodo hablando con objetos inanimados, medita sobre la pregunta mientras miras fijamente las cartas.

Cierra los ojos y respira profundamente antes de tomar una carta de la baraja. Es esencial que mantengas la concentración en la pregunta durante todo el proceso de barajado y extracción de cartas. De lo contrario, podrías obtener un resultado confuso.

Coloca la carta boca arriba y trata de dejar a un lado tu mente analítica y racional durante un momento. Concéntrate en la imagen. Tómate tu tiempo para entender lo que los colores y las formas significan para ti. ¿La carta te parece una respuesta positiva o negativa a tu pregunta? ¿Es específica o vaga? ¿Te parece masculina o femenina? ¿Inocente o sabia? ¿Abierta o firme y decidida? Si representa a un personaje, ¿te identificas con él o parece apuntar a otra figura, grupo o institución en tu vida? ¿Qué papel juega en la historia del Viaje de El Locos? ¿Sus asociaciones geográficas y temporales? Intenta explorar múltiples posibilidades antes de decidirte por una sola interpretación. Recuerda que no hay interpretación incorrecta; lo más importante es si la encuentras significativa, inspiradora, impactante o con la que conectas profundamente.

Tirada de dos cartas

Realizar una tirada de dos cartas en el Tarot puede ser una experiencia reveladora, especialmente cuando te encuentras en un punto de decisión o enfrentas una elección importante. Existen dos formas principales de hacerlo, cada una con su encanto único.

La preparación es similar a la de una tirada de una sola carta, pero aquí, la pregunta o consulta que planteas tiene un peso especial. Esta técnica es ideal para explorar opciones, entender distintas rutas o sopesar alternativas.

El primer enfoque es bastante directo: seleccionas dos cartas y las colocas juntas, lado a lado. Parece fácil, pero hay una profundidad oculta en esta simplicidad. Cada carta tiene su propia historia, y cuando se juntan, esa historia puede cambiar. Imagina la diferencia entre el Emperador por sí solo y cómo se transforma su significado al aparecer al lado de la Rueda de la Fortuna. Es como si cada carta dialogara con la otra, revelando nuevas perspectivas y posibles conexiones.

El segundo método te invita a un proceso más reflexivo. Colocas las dos cartas boca abajo y las revelas una por una, dándote tiempo para meditar en el mensaje de cada una antes de descubrir la siguiente. Este estilo es perfecto para entender relaciones de causa y efecto o para ver un panorama más amplio, como si estuvieras comparando fotos en una pantalla dividida.

Ambas técnicas abren un espacio para la introspección y el descubrimiento, permitiéndote explorar las profundidades de tus opciones y el camino que tienes delante.

Tirada del Si/No

El Tarot puede ser utilizado para obtener respuestas rápidas a preguntas que requieren un simple sí o no. Uno de los métodos más sencillos y rápidos para lograr esto es el conocido como "Método de Al Derecho e Invertido". En este enfoque, la orientación de la carta juega un papel crucial en determinar la respuesta. Si sacas una carta y esta aparece en posición derecha, entonces la interpretación es un "sí". Por el contrario, si la carta se revela invertida o al revés, la respuesta que indica es un "no". Esta técnica es especialmente útil en sesiones de tarot más extensas, donde a veces se necesita una respuesta rápida y clara a una pregunta específica.

Tirada de tres cartas

La tirada de tres cartas en el Tarot es permite explorar diferentes dimensiones de una situación o consulta. Al igual que con dos cartas, hay dos maneras de abordar esta lectura, cada una ofreciendo una perspectiva única.

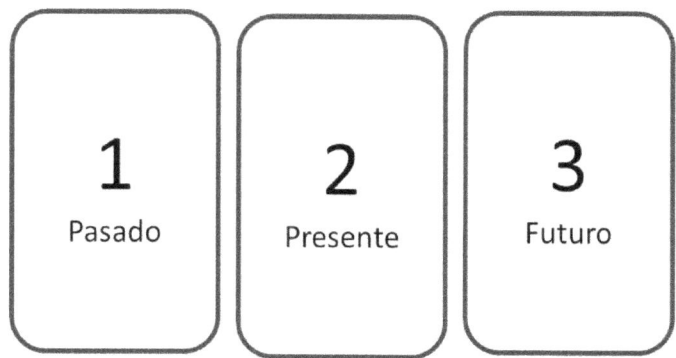

En la primera técnica, despliegas las tres cartas de una sola vez. Esta disposición te permite viajar a través del tiempo: pasado, presente y futuro, todos representados en una sola lectura. La carta de la izquierda simboliza el pasado, la del centro el presente, y la de la derecha, el futuro. Si estás leyendo para alguien más, es útil conversar sobre los aspectos de su vida que se relacionan con las cartas, especialmente las del pasado y presente. Esto te ayuda a entender cómo estos momentos se entrelazan y afectan el camino del consultante. Imagina el tiempo como un círculo, donde cada evento influye en el siguiente.

La segunda opción es revelar las cartas una por una, lo que es ideal para situaciones en las que debes comparar opciones o caminos. Aquí, la tercera carta actúa como una especie de guía divina, ofreciendo una perspectiva adicional que puede orientar la elección del consultante. Mira con atención: ¿qué elementos comparten las dos primeras cartas con la tercera? Tal vez los símbolos, colores o figuras te den pistas sobre cuál camino está más alineado con la guía espiritual.

Tirada de la herradura

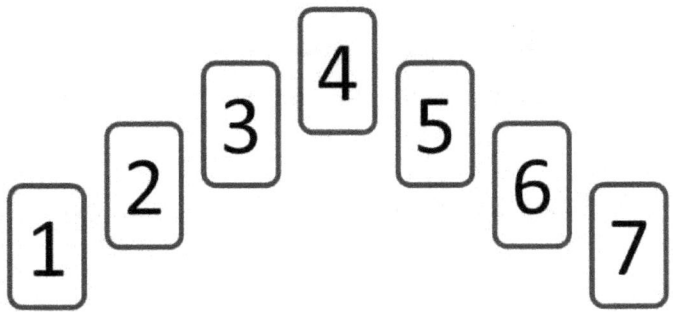

La tirada de siete cartas en el Tarot, aunque su disposición recuerda más a una "V" que a una "U", es un método detallado y profundo para explorar una consulta. Cada carta en esta formación tiene un significado especial y contribuye a una comprensión más completa de la situación del consultante.

Primero, barajas y cortas las cartas, para luego disponerlas todas boca abajo, superponiendo ligeramente sus esquinas de izquierda a derecha. La disposición final debería ser simétrica, con la cuarta carta formando el punto más bajo de la "V".

Al revelar las cartas una a una, es crucial mantener la coherencia para evitar invertir alguna por error. Cada carta en la tirada tiene un papel único:

1. Pasado del Consultante: La primera carta, a la izquierda, te habla del pasado del consultante, poniendo en contexto la situación actual.

2. Circunstancias Actuales: La segunda carta se centra en el presente, especialmente en los eventos o situaciones que han llevado al consultante a buscar esta lectura.

3. Influencias Ocultas: La tercera carta revela las fuerzas subyacentes que están operando sin el conocimiento del consultante, como intuiciones, recuerdos, secretos, o incluso influencias cósmicas.

4. El Consultante: La cuarta carta, en el punto más bajo de la "V", es un reflejo del consultante en relación con la consulta, abarcando sus actitudes, motivaciones y comportamientos.

5. Influencias Externas: La quinta carta se enfoca en lo que otros piensan o sienten acerca de la situación del consultante - amigos, familiares, colegas, y otros.

6. Guía Divina: La sexta carta, cercana al final de la tirada, ofrece un consejo imparcial y una guía espiritual.

7. Futuro Potencial: La séptima y última carta proporciona una mirada al futuro, indicando lo que podría suceder si se sigue el consejo de la sexta carta.

Esta tirada es ideal para obtener una visión holística de la situación del consultante, desde su pasado hasta su futuro, pasando por las influencias internas y externas que moldean su presente.

Tirada Rumana

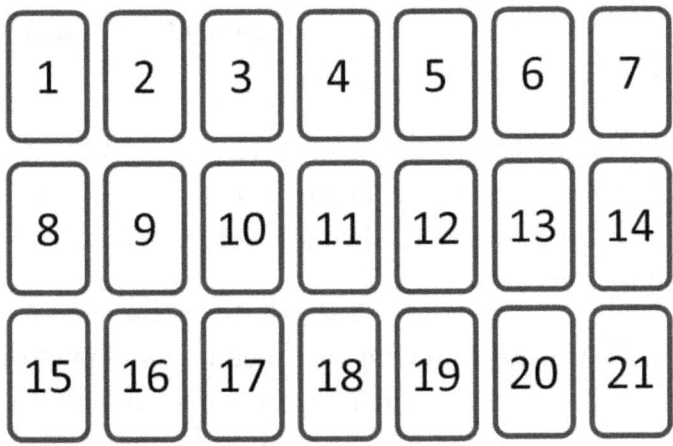

La Tirada Rumana en el Tarot es un método ancestral y complejo, ideal para consultas detalladas y situaciones con múltiples variables. Aunque tradicionalmente conocida como la tirada "gitana", es importante usar este término con sensibilidad debido a las connotaciones culturales que puede tener.

Esta lectura se expande en el concepto de pasado, presente y futuro, utilizando tres filas de siete cartas cada una. Cada fila cuenta una historia progresiva: la primera fila se enfoca en el pasado del consultante, revelando a veces aspectos desconocidos; la segunda fila describe la situación actual; y la tercera fila anticipa el futuro.

Además, puedes obtener una perspectiva más profunda al examinar las siete columnas de tres cartas, cada una contando su propia mini historia y asociada a un elemento o aspecto de la vida:

1. Vida Social y Física (Elemento Tierra): La primera columna, a la izquierda, se centra en la realidad cotidiana del consultante, sus rutinas y decisiones diarias.

2. Viajes Emocionales e Intuitivos (Elemento Agua): La segunda columna aborda el crecimiento emocional y la intuición.

3. Asuntos de la Mente (Elemento Aire): La tercera columna se enfoca en los procesos mentales y pensamientos del consultante.

4. Identidad Central (Elemento Fuego): La cuarta columna explora cómo el consultante se expresa y manifiesta su yo interior en el mundo exterior.

5. Lo Desconocido y Sorpresas (Elemento Espíritu): La quinta columna sugiere secretos o elementos inesperados en el futuro.

6. Recomendaciones para el Futuro Cercano: La sexta columna proporciona consejos para los próximos días, semanas o meses.

7. Predicción del Resultado Final (Futuro Lejano): La séptima y última columna ofrece una visión del desenlace a largo plazo de la situación.

Esta tirada es una de las más completas y puede ofrecer una visión exhaustiva de la vida del consultante, cubriendo todos los aspectos desde lo cotidiano hasta lo espiritual, y desde el presente inmediato hasta el futuro lejano.

Nuestro viaje arquetípico, como se mostraba en la Parte II de este libro, es básicamente una tirada Rumana donde El Loco es el protagonista y pasa por los 21 escenarios correspondientes a los arcanos mayores.

Tirada de la Cruz Celta

La tirada de la Cruz Celta en el tarot es una de las más reconocidas y utilizadas entre las distintas tiradas de tarot, proporcionando percepciones sobre el futuro cercano. Esta tirada completa abarca todos los aspectos de la vida, con cada carta representando un aspecto específico y revelando una historia que puede guiarte en tu camino.

Aunque el origen exacto de la tirada de la Cruz Celta es incierto, se cree que surgió en Europa y fue mencionada por primera vez en la introducción al Tarot de 1910 de A.E. Waite. Waite, cocreador del popular mazo de tarot Rider

Waite, refirió a esta tirada en su libro "The Pictorial Key", indicando su uso prolongado en las Islas Británicas.

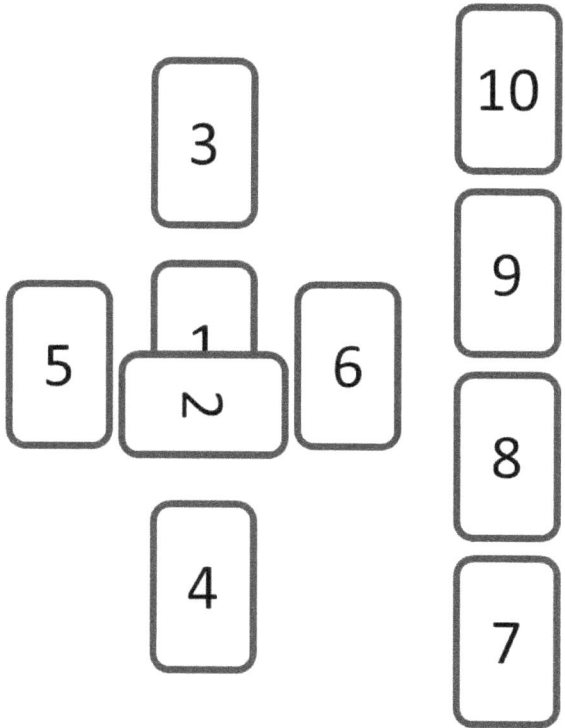

El significado espiritual de la tirada está profundamente arraigado en su historia y añade a su atractivo para los lectores de tarot.

La tirada de la Cruz Celta en el tarot consta de diez cartas, cada una representando un aspecto diferente de la vida y situación de la persona. La tirada se divide en dos secciones: la cruz y el bastón, siendo la sección de la cruz la que forma una figura de cruz. La sección de la cruz proporciona una visión general de la vida de la persona, tanto interna como externamente, considerando no solo la posición de las cartas, sino también sus significados.

1. El Significante: La primera carta refleja la identidad y situación actual del consultante, influenciando el resto de las cartas.

2. Desafío/Pregunta: La segunda carta, colocada sobre la primera, representa un desafío o preocupación actual.

3. Base/Subconsciente: La tercera carta, bajo la primera, simboliza la raíz de los problemas actuales.

4. Pasado: La cuarta carta, a la izquierda del Significante, evoca realidades pasadas o aspectos actuales que el consultante desea cambiar.

5. Esperanza/Consejos para el Futuro: La quinta carta, encima del Significante, trae esperanza y consejos para el futuro.

6. Futuro Cercano: La sexta carta, a la derecha del Significante, orienta sobre el futuro cercano.

7. Rutina y Mentalidad: La séptima carta, primera en la línea vertical derecha, habla sobre la rutina y mentalidad del consultante.

8. Factores Externos: La octava carta describe factores externos que afectan al consultante.

9. Aspectos del Subconsciente: La novena carta ilumina aspectos del subconsciente, como miedos o deseos ocultos.

10. Resultado/Mejor Curso de Acción: La décima y última carta sugiere el mejor curso de acción, basándose en el aprendizaje y crecimiento personal.

Significados Rápidos para Todas las Cartas del Tarot

Arcanos Mayores

0 - El Loco

- **Significado:** Nuevo Comienzo, Salto de Fe
- **Invertido:** Dudas sobre uno mismo, miedo a lo desconocido o miedo al propio poder

1 - El Mago

- **Significado:** Poder, Habilidad
- **Invertido:** Dudas sobre uno mismo o agotamiento, dificultad para avanzar debido a la falta de recursos o intención clara

2 - La Papisa

- **Significado:** Intuición, Sabiduría Superior
- **Invertido:** Falta de confianza en uno mismo, distracciones en el mundo exterior

3 - La Emperatriz

- **Significado:** Fertilidad, Abundancia, Creatividad
- **Invertido:** Bloqueo creativo, preocupación excesiva por el aspecto técnico de las cosas, forzar las cosas

4 - El Emperador

- **Significado:** Autoridad, Figura Paterna
- **Invertido:** Dudas sobre uno mismo, resistencia a las estructuras de poder existentes

5 - El Sumo Sacerdote

- **Significado:** Instituciones, Identidad Grupal
- **Invertido:** Rechazar la tradición a favor de una forma más personal, quizás radical, de hacer las cosas

6 - Los Enamorados

- **Significado:** Amor, Unión, Lazos
- **Invertido:** Desalineación de valores, sentirse irrespetado o no valorado, no sentirse valorado

7 - El Carro

- **Significado:** Victoria, Afirmación, Impulso
- **Invertido:** Falta de progreso, agotamiento, arrastrarse hacia adelante

8 - La Fuerza

- **Significado:** Valentía, Autocontrol
- **Invertido:** Falta de confianza en uno mismo o fe

9 - El Ermitaño

- **Significado:** Búsqueda del Alma, Soledad
- **Invertido:** Influencias externas que se filtran, ser persuadido

10 - La Rueda de la Fortuna

- **Significado:** Karma, Cambio de Ciclo
- **Invertido:** Resistencia a avanzar

11 - La Justicia

- **Significado:** Equidad, Equilibrio
- **Invertido:** Deshonestidad, falta de responsabilidad

12 - El Ahorcado

- **Significado:** Suspensión, Dejar Ir
- **Invertido:** Estancamiento, sacrificio innecesario

13 - La Muerte

- **Significado:** Finales, Transformación
- **Invertido:** Resistencia al cambio, transformación personal

14 - La Templanza

- **Significado:** Moderación, Equilibrio
- **Invertido:** Extremos, desequilibrio

15 - El Diablo

- **Significado:** Esclavitud, Materialismo
- **Invertido:** Liberación, reclamar el poder

16 - La Torre

- **Significado:** Cambio Súbito, Convulsión
- **Invertido:** Evitar el desastre, miedo al cambio

17 - La Estrella

- **Significado:** Esperanza, Inspiración
- **Invertido:** Decepción, falta de fe

18 - La Luna

- **Significado:** Ilusión, Intuición
- **Invertido:** Confusión, miedo

19 - El Sol

- **Significado:** Alegría, Éxito
- **Invertido:** Tristeza, pesimismo

20 - El Juicio

- **Significado:** Renacimiento, Llamado Interior
- **Invertido:** Dudas sobre uno mismo, ignorar el llamado

21 - El Mundo

- **Significado:** Completitud, Armonía
- **Invertido:** Incompletitud, falta de cierre

Arcanos Menores

Oros

As de Oros

- **Significado:** Inversión, Oportunidad
- **Invertido:** Temores en torno a la inversión, vacilación en hacer un compromiso

2 de Oros

- **Significado:** Multitareas
- **Invertido:** Abrumado, dudas sobre la gestión de responsabilidades

3 de Oros

- **Significado:** Colaboración
- **Invertido:** Progreso lento, quizás debido a la falta de comunicación

4 de Oros

- **Significado:** Límites
- **Invertido:** Falta de confianza en los límites, incapacidad para darse permiso para poseerlos

5 de Oros

- **Significado:** Mentalidad de Escasez
- **Invertido:** Manteniendo ocultas las preocupaciones sobre dinero/salud, negándose a reconocer los miedos

6 de Oros

- **Significado:** Dar/Recibir
- **Invertido:** Resistir el crecimiento, aferrarse a 'la forma en que son las cosas'

7 de Oros

- **Significado:** Dar un Paso Atrás Antes de Cosechar
- **Invertido:** Incertidumbre sobre cómo avanzar, tomándose su tiempo

8 de Oros

- **Significado:** Enfoque y Trabajo Independiente
- **Invertido:** Falta de sentido de propósito en el trabajo/conexión con el propio trabajo

9 de Oros

- **Significado:** Emprendimiento, Gratitud, Libertad Financiera
- **Invertido:** Falta de autoestima, titubeo para invertir en uno mismo

10 de Oros

- **Significado:** Legado, Comunidad como Fuente de Abundancia
- **Invertido:** No poder recibir apoyo de la comunidad

Sota de Oros

- **Significado:** Nueva Oportunidad Financiera
- **Invertido:** Las intenciones todavía no están claras, desconexión del proceso creativo

Caballero de Oros

- **Significado:** Rutina, Consistencia
- **Invertido:** Falta de conexión con el trabajo o meta, necesidad de un descanso

Reina de Oros

- **Significado:** Diosa Doméstica, Riqueza a través de la Creatividad
- **Invertido:** En proceso de reconocer/comprometerse con el arquetipo de la Reina en constante evolución dentro de uno mismo

Rey de Oros

- **Significado:** Estrategia Financiera, Toque de Midas
- **Invertido:** En proceso de localizar/comprometerse con el arquetipo del Rey en constante evolución dentro de uno mismo

Espadas

As de Espadas

- **Significado:** Claridad Mental, Avances
- **Invertido:** Confusión, caos, falta de comunicación

2 de Espadas

- **Significado:** Indecisión, decisiones, punto muerto
- **Invertido:** El menor de dos males, no hay elección correcta

3 de Espadas

- **Significado:** Desamor, dolor emocional
- **Invertido:** Sanación, seguir adelante

4 de Espadas

- **Significado:** Descanso, relajación, meditación
- **Invertido:** Acción renovada, preparación

5 de Espadas

- **Significado:** Conflicto, tensión, pérdida
- **Invertido:** Reconciliación, reparar

6 de Espadas

- **Significado:** Transición, dejar atrás
- **Invertido:** Equipaje, problemas no resueltos

7 de Espadas

- **Significado:** Engaño, estrategia, ingenio
- **Invertido:** Ser sincero, replantearse el enfoque

8 de Espadas

- **Significado:** Restricción, limitaciones autoimpuestas
- **Invertido:** Liberación, autodescubrimiento

9 de Espadas

- **Significado:** Ansiedad, preocupación, miedo
- **Invertido:** Esperanza, buscar ayuda

10 de Espadas

- **Significado:** Traición, final doloroso, pérdida
- **Invertido:** Recuperación, regeneración, resistencia

Sota de Espadas

- **Significado:** Curiosidad, inquietud, energía mental
- **Invertido:** Engaño, manipulación, falta de sinceridad

Caballero de Espadas

- **Significado:** Acción, impulsividad, defensa de creencias
- **Invertido:** Imprudencia, energía dispersa, decisiones precipitadas

Reina de Espadas

- **Significado:** Independencia, juicio imparcial, límites claros
- **Invertido:** Excesivamente emocional, antipática, sin corazón

Rey de Espadas

- **Significado:** Poder intelectual, autoridad, verdad
- **Invertido:** Manipulador, tiránico, abusivo

Bastos

As de Bastos

- **Significado:** Chispa creativa, nueva oportunidad
- **Invertido:** Falta de energía, oportunidades perdidas

2 de Bastos

- **Significado:** Planificación, acciones futuras
- **Invertido:** Miedo a lo desconocido, falta de planificación

3 de Bastos

- **Significado:** Mirando hacia adelante, expansión
- **Invertido:** Obstáculos, retrasos en los planes

4 de Bastos

- **Significado:** Celebración, alegría
- **Invertido:** Falta de apoyo, período de transición

5 de Bastos

- **Significado:** Competencia, conflicto
- **Invertido:** Evitar conflictos, respeto por los demás

6 de Bastos

- **Significado:** Victoria, reconocimiento
- **Invertido:** Ego, falta de reconocimiento

7 de Bastos

- **Significado:** Defensa, perseverancia
- **Invertido:** Rendirse, abrumado

8 de Bastos

- **Significado:** Acción rápida, decisiones rápidas
- **Invertido:** Retrasos, frustración

9 de Bastos

- **Significado:** Persistencia, cerca de la finalización
- **Invertido:** Agotamiento, defensivo

10 de Bastos

- **Significado:** Carga, responsabilidad adicional
- **Invertido:** Liberación, delegación

Sota de Bastos

- **Significado:** Entusiasmo, exploración
- **Invertido:** Falta de dirección, ideas sin refinar

Caballero de Bastos

- **Significado:** Acción, aventura
- **Invertido:** Prisa, energía dispersa

Reina de Bastos

- **Significado:** Confianza, independencia
- **Invertido:** Dominante, exigente

Rey de Bastos

- **Significado:** Liderazgo, visión
- **Invertido:** Tirano, decisiones impulsivas

Copas

As de Copas

- **Significado:** Amor nuevo, emociones desbordantes
- **Invertido:** Pérdida emocional, creatividad bloqueada

2 de Copas

- **Significado:** Unión, Compañerismo
- **Invertido:** Desequilibrio en las relaciones, falta de comunicación

3 de Copas

- **Significado:** Celebración, Amistad
- **Invertido:** Exceso, chismes

4 de Copas

- **Significado:** Apatía, Contemplación
- **Invertido:** Nuevas metas, motivación

5 de Copas

- **Significado:** Pérdida, Arrepentimiento
- **Invertido:** Seguir adelante, aceptación

6 de Copas

- **Significado:** Nostalgia, Inocencia
- **Invertido:** Atascado en el pasado, crecimiento

7 de Copas

- **Significado:** Opciones, Ilusión
- **Invertido:** Claridad, toma de decisiones

8 de Copas

- **Significado:** Abandono, Retiro
- **Invertido:** Miedo a avanzar, estancamiento

9 de Copas

- **Significado:** Satisfacción, Estabilidad emocional
- **Invertido:** Insatisfacción, materialismo

10 de Copas

- **Significado:** Plenitud emocional, Armonía
- **Invertido:** Sueños rotos, falta de armonía

Sota de Copas

- **Significado:** Creatividad, Curiosidad
- **Invertido:** Inmadurez, escapismo

Caballero de Copas

- **Significado:** Romance, Encanto
- **Invertido:** Cambios de humor, Desilusión

Reina de Copas

- **Significado:** Empatía, Seguridad emocional
- **Invertido:** Dependencia, inseguridad

Rey de Copas

- **Significado:** Equilibrio emocional, Diplomacia
- **Invertido:** Manipulación, volatilidad

"El Tarot es un libro de sabiduría espiritual en imágenes, un mapa del cosmos, un sendero hacia la transformación personal."

- Anónimo

Epílogo

Al concluir este viaje arquetípico, te extendemos nuestro más sincero agradecimiento por acompañarnos hasta el final de este texto. Esperamos que esta obra haya sido una fuente de profunda iluminación, proveyéndote de las herramientas esenciales para tu exploración en el mundo del Tarot y la adivinación. A lo largo de estas páginas, has absorbido una riqueza de conocimientos; tómate un momento para reconocer tu dedicación y esfuerzo - ciertamente es un logro digno de celebración.

Ahora, te invitamos a continuar tu práctica en la lectura de cartas, enriqueciéndote constantemente con nuevos conocimientos sobre el Tarot. Este camino incluye la exploración de mazos alternativos, una inmersión más profunda en el simbolismo de cada carta y la posibilidad de complementar tu práctica adivinatoria con elementos como cristales, piedras rúnicas, herramientas de geomancia, aceites esenciales, y velas. Paralelamente, es vital desarrollar una práctica regular para nutrir y fortalecer tu intuición, similar a cómo cuidamos nuestro cuerpo físico con ejercicio, descanso y nutrición adecuada.

Finalmente, si este libro ha resonado contigo y enriquecido tu camino hacia el Tarot, te animamos a compartir tus impresiones mediante una reseña. Tu perspectiva podría guiar a otros en su inicio hacia el fascinante universo del Tarot. Te deseamos éxitos continuos en tu práctica de adivinación y en el profundo viaje de descubrimiento personal que te espera.

juan David Arbeláez

Mentalista y Conferencista Internacional

www.TusDecretos.com

Sobre Juan David Arbeláez

Además de empresario, escritor y conferencista, Juan David Arbeláez es un Mentalista. Un adepto al poder de la mente, donde por medio de técnicas de sugestión, lenguaje corporal, programación neurolingüística, inteligencia emocional, magia escénica y hasta probabilidad, logra por medio de sus cinco sentidos crear la ilusión de un sexto.

Sus conferencias, talleres y charlas-espectáculo han sido presentadas para miles de espectadores y grandes compañías Colombianas como Bancolombia, EPM, UNE, Grupo Corona, Grupo Argos, Éxito, Grupo SURA, NUTRESA, y Grupo Familia, entre otras.

Juan David es además campeón latinoamericano de mentalismo y con frecuencia es invitado a demostrar sus habilidades y compartir sus experiencias en diferentes programas de televisión incluyendo shows de la talla de DON FRANCISCO PRESENTA en donde se ha presentado en múltiples oportunidades ante toda la teleaudiencia latinoamericana.

Es además el autor de los libros PIENSE PODEROSAMENTE, donde comparte ocho mentalidades enfocadas al desarrollo del verdadero poder personal; EL ARTE DE INSPIRAR AUDIENCIAS, en donde explica técnicas para hablar en público y realizar presentaciones asombrosas; IMPORTACULISMO PRÁCTICO, la última filosofía de vida para vivir bien de una buena vez; y del libro SÚPER LENGUAJE CORPORAL, así como de varios audio-libros sobre temas variados de empoderamiento personal, y múltiples e-Books sobre estas y otras temáticas.

Su página en Facebook, cuenta con miles de seguidores que periódicamente comparten y discuten con él sus artículos y videos.

Usted puede obtener más información acerca de Juan David Arbeláez para conferencias y presentaciones visitando su sitio web en:

http://www.MagiaMental.com

www.ingramcontent.com/pod-product-compliance
Lightning Source LLC
Chambersburg PA
CBHW071308110426
42743CB00042B/1214